JN068853

.....Contents

1章 カラー写真でよみがえる近畿日本鉄道

2章 モノクロ写真でよみがえる近畿日本鉄道

目の前で宇治山田方面へ向かう特急列車が、下り線の閉塞解除を待って目の前で停車した。しばらくして名古屋行きの急行が重厚なモーター音とともに特急の影から現れ、伊勢中川駅へ進んで行った。大阪、名古屋、山田の3路線が集まる中川界隈では複雑に入り組んだ線形ゆえ、ときに上下線の感覚が曖昧になる。
◎山田線　伊勢中川　1974（昭和49）年3月18日

※特記以外の写真は西原博撮影

はじめに

　近畿、中京地区で広範囲に亘り鉄道網を展開する近畿日本鉄道。その歴史は明治時代の末期に設立された大阪電気軌道に端を発し、同社を中心とした地域鉄道会社との合併で綴られてきた。また各路線の開業延伸時等には地域の状況に寄り添い、時代を先取りした安全で利用者が快適に乗車できる車両を次々と投入していった。

　昭和30年代は黎明期から時の最新技術を盛り込んだ新鋭車両までを、現役の車両として同時に本線上で眺めることができる、愛好家にとって至福のひとときであった。名阪特急に充当された10100系「ビスタカー」と戦前派の元特急用車両2200系が並ぶ様子を、大阪線の起点上本町駅で日常的に見ることができた。さらに軽便鉄道の施設で存続していた地方支線等では、当時としても古典の範疇に入れられそうな、創業期の車両が定期運用に就いていた。

　関東在住の西原さんは職務の合間を縫って近鉄沿線を訪れ、主要路線が変貌していく様子や新旧車両を撮影された。ある年には元旦から線路際へ出向かれた。寒気の中で撮影を続けた姿からは、鉄道に対する熱い想いを窺うことができる。また1964（昭和39）年に廃止された三重電気鉄道松阪線を廃止前日に訪れ、駅や沿線の様子を克明にフィルムへ焼き付けている。そこに写っているのは廃止を目前に控えているにも関わらず、普段と変わらぬ姿で仕業に就く電車の姿だ。昨今のように路線の廃止、車両の引退を華美なお祭り騒ぎにしていないところには、消えゆくものよりも次の新しい世界へ目を向けようとする高度経済成長期下の時代性を感じ取ることができる。同年には東海道新幹線が開業し、日本の鉄道時間地図は都市圏へ向かって急速に集束し始めていた。

2022年12月　牧野和人

1章
カラー写真でよみがえる
近畿日本鉄道

正月期に近鉄沿線の主要都市と伊勢神宮を結ぶ臨時特急として運転されていた迎春号。東京オリンピックが開催された年の新春。名古屋線の列車にはまだ特急運用を担っていた6431系が充当された。同車両は「新エースカー」11400系等の増備により、翌年には特急の重責から退くこととなった。
◎名古屋線　近畿日本四日市（現・近鉄四日市）　1964（昭和39）年1月5日

京都、奈良、伊勢へ向かう修学旅行の小学生を主な顧客とした団体列車用車両の20100系。「ビスタカー」に続く二階建て電車は1962（昭和37）年に登場した。車体塗装はクリーム色の地にマルーンレッドの塗分けを施した近鉄電車としては個性的な意匠。前面には愛称名「あおぞら」と記されたヘッドマークを掲出した。
◎大阪線　川合高岡〜伊勢中川　1968（昭和43）年1月4日

伊勢中川駅の構内外れには、折り返し運用に就く電車が待機する留置線がある。「名古屋」と記載された行先票を掲出した1600系がしばし佇む傍らを、伊勢方面へ向かう特急列車が颯爽と駆け抜けていった。車体はオレンジ色と紺色に塗られ、前面に大きなパンタグラフを載せた姿は、勇ましい雰囲気をまとっていた。
◎山田線　伊勢中川
1974（昭和49）年3月18日

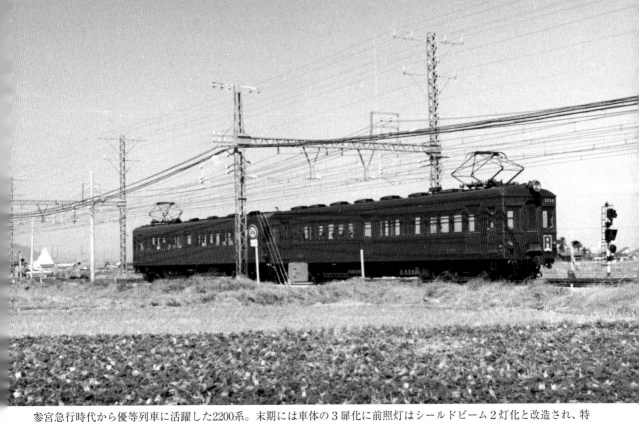

参宮急行時代から優等列車に活躍した2200系。末期には車体の３扉化に前照灯はシールドビーム２灯化と改造され、特急用車両「らしさ」は薄れていた。末期には２両編成で普通列車運用に就くこともあったが、1970年代の半ばまで大阪線等の急行列車に充当されて、青山越えや長谷寺付近の勾配区間を行き交った。
◎山田線　伊勢中川　1974（昭和49）年３月18日

18200系は電動制御車と制御車2両を
1単位とした固定編成だった。その
ため長編成で運転する際には、2両
編成の車両をいくつか連結して組成
した。同車は車体断面等を規格が小
さかった京都線に合わせて設計され
ている。大阪線等へ乗り入れた際に
は、他の車両よりも小振りで縦長な
電車という印象が強かった。
◎大阪線　川合高岡～伊勢中川
1968（昭和43）年1月4日

同形式のみの４両で組成した姿で急行運用に就く2610系。2200系や2250系等、元特急用の旧型車両が主力となって久しかった大阪、名古屋、山田線の急行列車を引き継ぐべく1972 (昭和47) 年に登場した。先行して製造された2600系、2680系の量産型と位置づけられる。新製時からの４扉車ながら、車内には固定式のクロスシートが並ぶ。
◎山田線　伊勢中川
1974 (昭和49) 年３月18日

３両編成の「新ビスタカー」がコンクリート製橋梁が続く区間に乗り入れた。大阪線と名古屋線の間を伊勢中川駅での折り返し運転を介さずに行き来することができる中川短絡線が開通したのは1961（昭和36）年３月29日。同施設の完成により名阪特急は伊勢中川での停車が解消され、名実共に名古屋〜上本町間を無停車で駆け抜ける列車となった。
◎中川短絡線
1968（昭和43）年１月４日

伊勢市駅を発車した山田線の電車は、終点宇治山田へ向かって高度を上げつつ、曲線を描きながら国鉄（現・JR東海）参宮線を跨ぐ。交差点の向こう側には参宮線の伊勢市駅がある。近鉄の駅とは、車両基地がある国鉄の広い構内を隔てて並んでいた。国鉄と近鉄のホームは中間改札等を隔てずに行き来できる。
◎山田線　宇治山田〜伊勢市　1963（昭和38）年11月２日

名古屋線の終点、近鉄名古屋駅。広大な構内を持っていた国鉄（現・JR東海）駅に隣接するため、開業時より地下に建設された。開業は関西急行電鉄時代の1938（昭和13）年6月26日。名古屋線の改軌後、昭和40年代までは伊勢神宮への参詣特急として名を馳せた2200系が、急行列車として乗り入れていた。
◎名古屋線　近鉄名古屋　1974（昭和49）年3月18日

橿原線のホームに停車する電車は緑と淡黄色の旧塗装。その上部を跨ぐのは大阪線ののりばである。大和八木駅は大阪電気軌道（大軌）が橿原線の前身である畝傍線において平端～橿原神宮前間を延伸した1923（大正12）年に八木駅として開業。大阪線の前身となった八木線は、1925（大正14）年に高田（現・大和高田）方から当駅に乗り入れた。
◎橿原線　大和八木　1956（昭和31）年5月2日　撮影：荻原二郎

東海道本線等の列車が発着する国鉄駅と連絡する京都駅を発車した近鉄電車は、大きな曲線を描いて進路を南に向ける。京都市電の路面軌道が延びる九条通りを跨ぐ手前に東寺駅がある。高度経済成長期下の昭和40年代初頭。高架下の街並みには未だ古都の風情が香っていた。
◎京都線　東寺
1965（昭和40）年5月15日
撮影：荻原二郎

秋の夕陽はつるべ落としだ。残照が照らし出す奈良の電車通りは人影もまばら。少し寂し気な景色の中に男の子が二人、楽し気にしゃべりながら歩いてきた。ふと会話をかき消すようなけたたましい轟音が響き、古めかしい姿の電車が「奈良▶大阪」と記載された急行の行先表示板を掲出してゆっくりとやって来た。
◎奈良線　油阪〜近畿日本奈良（現・近鉄奈良）　1963（昭和38）年11月2日

通りの中央部に敷かれた複線の併用
軌道区間は、鉄道が街中を走る古都
奈良の近代的風景として沿線住民、
観光客等に広く親しまれた。昭和30
年代初頭、自家用車の普及は途上で
小柄な電車が大通りの主役であるか
のように映った。旧塗装の600系は
奈良電気鉄道(現　近鉄京都線)経由
で京都へ向かう直通列車。正面に行
先表示板を掲出していた。
◎奈良線
近畿日本奈良(現・近鉄奈良)〜油
阪　1956(昭和31)年
撮影：荻原二郎

奈良線の特急運用に就く8000系。新生駒トンネルの開通で車体の規格が拡幅された奈良線用の車両として、トンネルの
開業と同じ1964（昭和39）年から投入された。奈良線では初の20m級車体を持つ車両となった。新製当初の車体塗装は
ベージュ色の地に窓下へ青色の帯を巻いたいで立ちだった。
◎大阪線　上本町（現・大阪上本町）　1966（昭和41）年8月4日

複線区間を軽快に走り抜ける6800系。当初普通列車用に開発されたが、高性能を買われて急行、準急の運用に入ることもあった。登場時はオレンジバーミリオンの地に窓下へ白帯を巻く明るい塗装であった。運転席下の前面部に、愛称「ラビットカー」に因んだウサギを図案化したヘッドマークを掲出していた。
◎南大阪線　1966（昭和41）年1月1日

羽曳野市内を通る古市～駒ヶ谷間には石川が流れる。大阪府と和歌山県の境界付近に位置する蔵王峠から生れ出た流れは大阪府南部を横断し、藤井寺市と柏原市の境界で大和川に注ぐ。南大阪線はプレートガターを連ねた橋梁で広い河川敷を持つ川を渡る。背後には大阪奈良府県境の山並みがそびえる。
◎南大阪線　駒ヶ谷～古市　1966（昭和41）年1月1日

昭和30年代までは行楽期に限定して特急「かもしか号」を運転していた南大阪線、吉野線。高度経済成長期の最中に国内旅行が流行すると、吉野地方へ観光客を呼び込むべく、定期の特急列車が設定された。専用車両として、11400系「新エースカー」を基本として狭軌路線用に手を加えた16000系が製造された。
◎南大阪線　古市〜駒ケ谷　1966（昭和41）年1月1日

駅の背後に御在所岳等、滋賀県との県境をかたちづくる高山の稜線が続く湯の山温泉。山麓の終点を四日市に向けて発車して行く電車はモ6331形。第二次世界大戦後に買い出し等で急増した鉄道への需要に対応すべく、近鉄が狭軌路線であった名古屋線に投入した電車である。名古屋線の改軌後も標準軌用台車に履き替えて引き続き同地区で運用された。湯の山線等、名古屋線の支線にも入線した。
◎三重電気鉄道湯の山線（現・近畿日本鉄道湯の山線）
湯ノ山（現・湯の山温泉）
1964（昭和39）年5月3日
撮影：荻原二郎

湯の山線は1964（昭和39）年に軌間762㎜の特殊軌道から1435㎜の標準軌へ改軌され、近鉄四日市駅構内の内部線とは線路が分断された。しかし、のりばホームは並行しており、大きさが著しく異なる車両が並ぶ様子を見ることができた。湯の山線のりばは名古屋線と共に1973（昭和48）年に高架化された。
◎三重電気鉄道湯の山線、内部線（現・近畿日本鉄道湯の山線、四日市あすなろう鉄道内部線）
近畿日本四日市（現・近鉄四日市、あすなろう四日市）　1964（昭和39）年　撮影：荻原二郎

内部線の列車は電動車1両と付随車2両の3両編成で運転されることが多かった。内部方に連結された愛嬌のある顔をした付随車はサ360形。三重交通が観光路線化を目指して注力していた三重線系統の路線へ1954（昭和29）年に投入した。正面、側窓の上には当時、一般車両等でも流行していたスタンディングウインドウ（バス窓）を備えていた。
◎三重交通内部線（現・四日市あすなろう鉄道内部線）　1964（昭和39）年1月5日

養老線（現・養老鉄道養老線）の終点揖斐駅に発着する列車は、途中駅の大垣とを結ぶ区間列車である。大正時代に建設された路線は開業当初より、沿線の工場等から搬出される貨物輸送が盛んに行われていた。高度経済成長期を過ぎた頃から貨物需要は衰退していった。しかし昭和40年代の構内には側線等、貨物を取り扱う施設が健在だった。
◎養老線　（現・養老鉄道養老線）　揖斐
1970（昭和45）年
撮影：荻原二郎

松阪の市街地から多気町方へ延びる熊野街道が、線路に寄り添って来る辺りに蛸路駅があった。駅の周辺には農耕地が
広がり、灌漑施設として溜池がいくつもつくられていた。背景の丘には比較的大規模な貯水施設である宝光池がある。
丘の一画は現在、ゴルフ場になっている。◎三重電気鉄道松阪線　蛸路　1964（昭和39）年12月13日

蛸路駅の下蛸路方は上り坂と下り坂が交錯する直線区間だ。駅の手前では木立が線路の上に影を落とす。車体を左右に揺らしながら松阪行きの列車が定刻通りにやって来た。決して多くはない本数だが、定期列車が普段通りに行き来するレールは最期まで輝いていた。◎三重電気鉄道松阪線　蛸路　1964（昭和39）年12月13日

「ふみきりちゅうい」の札が立つ踏切は警報機や遮断機がない第4種。役目を終えようとしている線路の周辺は草で覆われ、通路も枯草のじゅうたんと化していた。立札も架線柱も線路に沿って続く通信線を支える電柱も全て木製。おまけにやって来たモニ201形の車体も半鋼製だ。目の前にある鉄路は、営業を終えた後に全て朽ち果てていくかのような焦燥に捉われた。◎三重電気鉄道松阪線　蛸路　1964（昭和39）年12月13日

戦前の近畿日本鉄道の時刻表

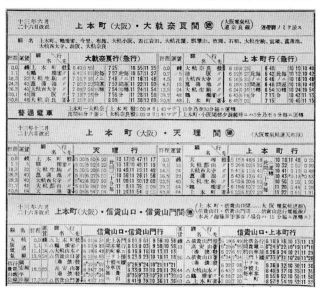

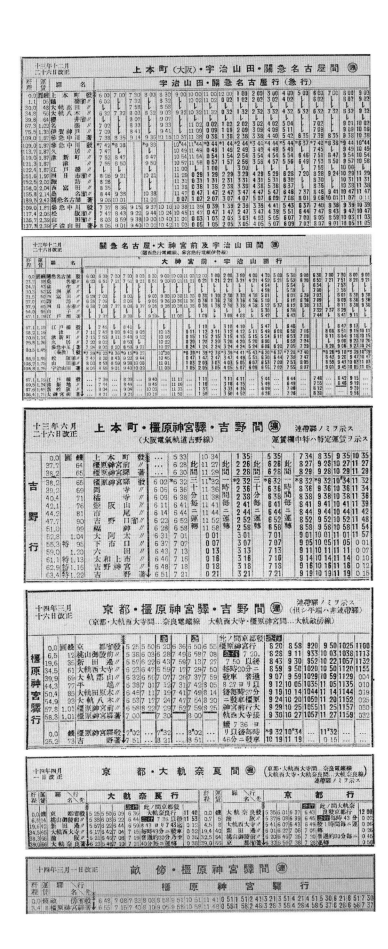

1964年当時の近畿日本鉄道、三重交通の時刻表

近畿地方　近畿日本鉄道

39. 2. 7 現在　上本町――中川――宇治山田――名古屋 (電)(連)（近畿日本鉄道）

名阪特急						駅							
	700	1115	この他	2000	2115	発上本町着	920	943	1020	この間	2220	2243	太字＝2階電車
	702	1117	上本町発名古屋行	2002	2117	〃鶴橋着	917	940	1017	名古屋発上本町行	2217	2240	
	レ	1143	800. 900. 1000	レ	2143	〃大和八木発	849	↑	951	830. 930. 1030	2149	↑	
	レ	レ	1100. 1200. 1300	レ	2241	〃伊勢中川〃	747	↑	↑	1045. 1130. 1230	↑	↑	
	レ	1255	1400. 1500. 1515	レ	2252	〃津〃	735	↑	837	1330. 1430. 1445	2037	↑	
	レ	1319	1600. 1700. 1800	レ	2312	〃四日市〃	714	↑	814	1530. 1630. 1730	2014	↑	
	レ	1330	1815. 1900. 2015	レ		〃桑名〃	…	↑	802	1830. 1930	2002	↑	
	913	1349		2213	…	着名古屋発	…	730	745		1945	2030	

伊勢特急						駅				
	815	915	この間	1715	1915	発上本町着	1120	1220	この間	2120
	817	917		1717	1917	〃鶴橋着	1117	1217		2117
	843	943		1743	1943	〃大和八木発	1051	1151	1222	2049
	940	1040	1015	1840	2040	着伊勢中川発	948	1048	1322	1948
	941	1041	1215	1841	2041	発伊勢中川着	945	1045	1422	1945
	949	1049	1315	1849	2049	〃松阪発	939	1039	1622	1939
	1004	1104	1415	1904	2104	〃伊勢市〃	↑	↑	1722	↑
	1007	1107	1615	1907	2107	着宇治山田発	922	1022	1822	1922

伊勢特急					駅			
	720	820	この間	2020	発宇治山田着	1013	この間	…
	レ	レ	920	レ	〃伊勢市着	1010	945	
	737	837	1020	2037	〃松阪発	954	1145	2253
	744	844	1120	2044	〃伊勢中川〃	947	1245	2247
	755	855	1320	2055	〃津〃	935	1345	2235
	819	919	1420	2119	〃近鉄四日市〃	914	1545	2214
	830	930	1520	2130	〃桑名〃	902	1645. 1745	2202
	849	949	1720. 1820	2149	着近鉄名古屋発	845	1845. 2045	2145

座席指定特急料金

（発売は左表の駅で5日前から
日本交通公社では21日前から）

	上本町鶴橋	八木	中川	松阪	宇治山田伊勢市	津	四日市	桑名
八木	60							
中川	220	190						
松阪	220	190	60					
宇治山田伊勢市	220	220	60	60				
津	220	190	60	60	60			
四日市	220	220	60	110	190	60		
桑名	220	220	110	110	190	60	60	
名古屋	270	220	190	190	220	110	60	60

伊勢中川で乗換えとなる電車もあります。

伊勢特急と連絡賢島行特急直通バス 490頁　伊勢志摩(遊)の欄に掲載

キロ数	運賃	駅名	急行 初電			急行 終電		準急・普通 初電					準急・普通 終電				
0.0	円	大阪上本町 発	620	720		2020	2125	…	…	513	540	頻繁	2003	2125	2200	2250	2320
1.1	15	鶴橋(国)〃	622	722	60	2022	2127	…	…	515	542		2005	2127	2202	2252	2322
34.8	110	大和八木〃	650	750		2051	2155	…	…	606	634		2038	2155	2234	2340	011
67.3	200	名張〃	717	817	分	2118	2228	…	513	646	720	30	2120	2228	2304	017	榛原着030
75.5	230	伊賀神戸〃	726	824		2125	2235	…	525	656	729	—	2128	2235			
95.4	280	佐田〃	747	848	毎	2148	2253	…	555	724	754	60	2157	2253	…	…	
109.0	320	伊勢中川 着	759	903		2158	2304	…	607	744	814	分	2209	2304	…	…	…
109.0	320	伊勢中川 発	803	904	30分毎	2201	2306	516	613	745	829	15	2222	2322	2250	…	…
117.4	350	松阪(国)〃	811	912		2209	2313	526	623	756	839	—	2232	2332	2300	…	…
136.7	410	伊勢市(国)着	828	928		2226		552	649	822	905	30	2258	2358	2316	…	…
137.3	410	宇治山田 着	830	930		2228	…	554	651	825	907	分	2300	2400	2318	…	…
|	|	宇治山田 発	…	600		2101	…	…	…	明星450	515	15	2041	2110	2145	2220	2250
|	|	伊勢市(国)〃	…	602		2103	…	…	津発新町505		516	—	2043	2112	2147	2222	2252
|	|	松阪(国)〃	…	621	約	2121	2151	白子発508		505	528	30	2109	2138	2213	2248	2318
109.0	320	伊勢中川〃	520	631		2133	2205			520	603	分	2123	2149	2225	2306	2331
121.3	350	津(国)〃	534	646	30	2147	2219		508	534	617	毎	2139	2204	2240	2321	2346
139.3	400	伊勢若松〃	552	704		2205	2236	514	534	552	635		2209	2230	2308	2346	白子着005
151.0	425	近畿日本四日市〃	604	718	分	2222	2249	532	552	604	647		2227	2252	2316	003	
156.3	435	近畿日本富田〃	611	724		2228	2258	541	601	613	654	頻	2236	2301	2335		
164.1	445	桑名(国)〃	621	733	毎	2237	2304	553	613	621	705		2249	2313	2346	…	…
171.7	455	近畿日本弥富(国)〃	628	レ		レ	2312	601	621	628	712	繁	2257	2321		…	…
187.8	480	近畿日本名古屋(国)着	642	753		2258	2327	617	637	642	726		2321	2345	…	…	…
0.0	円	近畿日本名古屋(国)発	600	633		1933	2200	…	…	500	505	頻	2038	2138	2235	2300	2340
16.1	50	近畿日本弥富(国)〃	レ	レ		レ	レ	…	…	515	528		2057	2157	2251	2315	003
23.7	70	桑名(国)〃	620	654	約	1954	2220	…	458	523	537	繁	2106	2206	2302	2324	011
31.5	100	近畿日本富田〃	628	702		2002	2228	…	509	533	549		2117	2217	2313	2336	
36.8	110	近畿日本四日市〃	636	709	30	2009	2234	…	519	539	600		2127	2227	2322	2345	…
48.5	150	伊勢若松〃	648	723		2023	2247	…	537	552	618	15	2148	2249	2342	003	…
66.5	200	津(国)〃	706	740	分	2040	2304	…	605	609	651	—	2214	2315	007	白子着008	…
78.8	220	伊勢中川〃	724	803		2104	2320	516	628	625	714	30	2250	2322	津着新町010		…
87.2	250	松阪(国)〃	732	811	毎	2112	2327	526	638	633	725	分	2300	2332			…
106.5	310	伊勢市(国)着	749	828		2128		552	704	650	754	毎	2326	2358		…	…
107.1	310	宇治山田 着	751	830		2130	…	554	706	653	756		2328	2400	…	…	…
0.0	円	宇治山田 発	633	728	30	1928	2028	…	明星450	515	…	15	1841	1941	2041	2145	2220
0.6	15	伊勢市(国)〃	635	730	分	1930	2030	…		516	…	—	1843	1943	2043	2147	2222
19.9	70	松阪(国)〃	653	749	毎	1947	2047	…	505	543	…	30	1909	2019	2109	2213	2248
28.3	90	伊勢中川 着	700	756		1954	2055	…	515	553	…	分	1919	2029	2119	2223	2258
28.3	90	伊勢中川 発	704	759		1956	2056	…	519	557	…	30	1930	2030	2130	2231	2305
41.9	130	佐田〃	715	812	60	2008	2108	…	535	614	…	—	1947	2047	2147	2247	2319
61.8	190	伊賀神戸〃	736	831		2030	2130	…	601	639	532	60	2011	2112	2221	2311	
70.0	210	名張〃	747	839	分	2038	2138	515	609	647	545	分	2045	2145	2233	2319	…
102.5	300	大和八木〃	816	905		2105	2205	556			626	頻	2126	2227	2317		…
130.2	410	鶴橋(国)着	848	933	毎	2133	2233	647	…	…	719	繁	2208	2308	008	…	…
137.3	410	大阪上本町 着	852	936		2136	2236	650	…	…	722		2211	2311	011	…	…

記号は57頁参照

近畿地方　近畿日本鉄道・信貴生駒電鉄

線名	普通		急行		特急		キロ数	運賃	駅　名	普通		急行		特急	
	初電	終電	初電	終電	初電	終電				初電	終電	初電	終電	初電	終電
奈良線	5 10	24 00	8 53	23 40	7 00	22 00	0.0	円	発大阪上本町着	5 51	0 19	8 29	23 44	6 52	21 55
	5 12	0 02	8 55	23 42	7 02	22 02	1.1	15	〃鶴　橋国発	5 49	0 17	8 27	23 42	6 50	21 53
	5 35	0 25	9 09	23 54	↓	↓	13.9	60	〃石　切〃	5 25	23 54	8 12	23 28	↓	↓
	5 42	0 32	9 18	0 31	↓	↓	18.3	70	〃生　駒〃	5 18	23 47	8 05	23 22	↓	↓
	5 51	0 41	9 27	0 10	↓	↓	24.3	90	〃菖蒲池〃	5 09	23 38	7 56	23 14	↓	↓
	5 54	0 44	9 30	0 13	7 25	22 25	27.4	100	〃大和西大寺〃	5 06	23 35	7 53	23 11	6 27	21 30
	6 00	0 50	9 36	0 19	7 30	22 30	30.8	110	着近畿日本奈良発	5 00	23 30	7 47	23 05	6 22	21 25

上本町——生駒　普通　15分毎運転　　上本町——奈良　急行　15分毎運転　　特急　10—30分毎運転

線名	普通		急行		キロ数	運賃	駅　名	普通		急行		運　転　間　隔
	初電	終電	初電	終電				初電	終電	初電	終電	
奈良天理線	5 10	24 00	6 00	23 40	0.0	円	発大阪上本町着	6 24	0 19	7 04	23 44	朝夕通勤時直通運転
	5 57	0 47	6 40	0 17	26.3	100	〃大和西大寺発	5 40	23 36	6 29	23 11	他は西大寺乗換え
	6 06	0 55	6 49	0 26	31.7	110	〃近畿日本郡山〃	5 25	23 21	6 14	22 54	
	6 13		7 00	0 32	36.1	120	〃平　端〃	5 19	23 15	6 08	22 48	準急　15—30分毎
	6 22	…	7 09	0 41	40.8	130	着天　理発	5 10	23 05	5 56	22 38	所要　60分
南大阪線・吉野線	5 10	23 00	7 00	21 00	0.0	円	発大阪阿部野橋国着	6 42	0 10	7 11	21 41	阿部野橋—古市
	5 35	23 16	↓	↓	13.8	50	〃藤井寺〃	6 26	23 46	↓	↓	普通　15分毎運転
	5 43	23 24	7 21	21 22	18.6	60	〃古市〃	6 19	23 38	6 52	21 22	阿部野橋—吉野　急行
	6 04	23 44	7 35	21 36	32.4	100	〃尺土〃	5 59	23 17	6 37	21 07	30分毎運転 1 時間33分
	6 06	23 47	7 38	21 39	34.3	100	〃高田市〃	5 56	23 14	6 34	21 04	特急「かもしか」
	6 16	23 57	7 48	21 49	39.8	120	〃橿原神宮駅〃	5 46	23 05	6 24	20 55	阿部野橋発 752.1850
	6 35	0 14	8 06	22 06	49.3	150	〃吉野口国発	5 27	22 47	6 05	20 36	吉　野発 600.1633
	7 04	0 41	8 24	22 34	65.0	210	着吉　野発	5 00	22 19	5 37	20 05	所要 1 時間19分
長野線	5 35	24 00	6 45	23 20	0.0	円	発大阪阿部野橋国着	6 07		6 28	23 07	急行　15—30分毎
	6 13	0 33	7 09	23 44	18.6	60	〃古市〃	5 35	23 38	6 05	22 44	
	6 23	0 40	7 16	23 52	24.1	80	〃富田林〃	5 27	23 30	5 55	22 34	所要　46分
	6 34	0 52	7 29	0 03	30.9	100	着河内長野発	5 15	23 15	5 45	22 21	

初電	終電	キロ数	賃	駅　名	初電	終電	運転間隔	初電	終電	キロ数	賃	駅　名	初電	終電	運転間隔
522	2243	0.0	円	発上野国着	520	2238		528	041	0.0	円	発尺土着	525	037	15—30分
530	2251	3.9	15	着上野市発	512	2230		536	049	5.2	25	着御所発	518	030	
453	2151	3.9	15	発上野市着	552	2306	30—60分	523	001	0.0	円	発道明寺着	532	024	20—30分
512	2210	11.9	40	〃丸山〃	534	2249		526	004	2.2	15	着柏原発	529	021	
520	2219	16.6	50	着伊賀神戸発	523	2240		522	2347	0.0	円	発伊勢若松着	512	2337	15—30分
								534	2359	8.2	30	着平田町発	500	2325	

御所——近畿日本御所　　上野——伊賀上野

	初電	終電	キロ数	賃	駅　名	初電	終電	初電	終電	キロ数	賃	駅　名	初電	終電
養老線	503	2315	0.0	円	発揖斐着	538	2341	529	2215	0.0	円	発大垣国着	618	2334
	528	2341	14.5	50	着大垣発	511	2315	641	2329	43.1	140	着桑名国発	505	2222

信　貴　山・生　駒　山 遊　　L-36

初電	終電	キロ数	賃	駅　名	初電	終電	間隔	初電	終電	キロ数	賃	駅　名	初電	終電	
518	001	0.0	円	発河内山本国着	530	017	15—20分毎	617	2240	0.0	円	発生駒山上着	624	2247	5—20分毎
523	006	2.8	15	着信貴山口発	525	012		627	2250	1.1	35	〃宝山寺発	617	2240	
							30分	633	2256	2.1	70	着鳥居前発	609	2220	

ケーブル（信貴生駒電鉄） 電　信貴山下——信貴山　601—2303　20—25分毎　所要10分　60円　1.7キロ

						キロ数	円	駅　名				
王寺——生駒 電	533	555	この間 20—25分毎	2239	2335	0.0	15	発王寺国着	612	632	この間 20—25分毎	2316
		557		2241	2337	0.9	15	〃信貴山下〃	610	630		2310
（信貴生駒電鉄）	551	613		2258	2354	9.1	50	〃南生駒〃	553	613		2258 2331
	600	620		2305		12.6	60	着生駒発	546	607		2250 2325

普通		急行		特急		キロ数	運賃	駅　名	普通		急行		特急	
5 00	23 20	6 50	21 25	8 15	18 15	円		発京都国着	6 34	0 10	6 24	19 32	8 41	19 35
5 12	23 32	6 58	21 32	8 22	18 22	5.9	35	〃丹波橋発	6 23	23 59	6 13	19 21	8 33	19 29
5 33	23 55	7 14	21 48	↓	↓	19.6	75	〃新田辺〃	6 02	23 38	6 01	19 08	↓	↓
5 53	0 18	7 28	22 02	8 48	18 48	34.5	110	〃大和西大寺〃	5 38	23 15	5 46	18 45	8 08	19 05
5 59	0 19	7 34	22 16	8 52	18 52	39.0	125	着近畿日本奈良発	5 30	23 07	5 40	18 42	8 03	19 00

普通		急行		特急		キロ数	運賃	駅　名	普通		急行		特急	
5 00	22 35	6 35	20 25	7 40	19 40	円		発京都国着	6 51	0 11	6 59	22 11	9 59	19 05
5 12	22 47	6 43	20 37	7 47	19 47	5.9	35	〃丹波橋発	6 42	0 02	6 52	22 04	9 53	19 57
6 04	23 39	7 14	21 03	8 12	20 15	34.5	110	〃大和西大寺〃	5 56	23 18	6 16	21 19	9 19	19 24
6 13	23 48	7 21	21 10	8 20	20 20	39.5	125	〃近畿日本郡山〃	5 45	23 11	6 08	21 11	9 11	19 17
6 37	0 17	7 40	21 29	8 37	20 40	54.9	160	〃大和八木〃	5 19	22 47	5 43	20 47	9 02	19 07
6 43	0 18	7 46	21 34	8 43	20 46	58.2	170	着橿原神宮駅発	5 12	22 40	5 36	20 40	8 55	19 00

◉京都——天理　京都発 905. 1005. 1105. 1205. 1305. 1405. 1505. ｝いずれも直通急行　所要60分
　　　　　　　天理発 1020. 1120. 1220. 1320. 1420. 1520. 1620.

◉京阪三条——奈良　三条発 850. 951. 1047. 1147. 1247. 1347. 1447. 1547. **1651. 1751. 1851** ｝太字は準急
　　　　　　　　　　奈良発 736. 837. 942. 1029. 1129. 1229. 1329. 1429. **1537. 1637. 1737** ｝他は普通

湯ノ山・養老公園 ⊛ 125

39. 2. 7現在

(近畿日本鉄道)

	505	522	555	619	この間 20〜30分毎	2221 2235 2307 2331	キロ数 8.6 28.9 43.1	円 30 90 140	発 桑名 〃多度 〃養老 着大垣	名 度 老 垣	着642 〃627 〃555 発529	この間 20〜30分毎	2545 2530 2252 2227
	511	524	537			2315 2329 2342	43.1 50.4 57.6	140 170 190	発大垣 〃広神 着揖斐	垣 戸 斐	着528 発515 発503		2341 2328 2316

養老公園（近畿日本鉄道）

円 10	養老駅前発	800	830	この間 30分毎	1710
キロ数 1.8	養老公園着	805	835		1715
	養老公園発	815	845	この間 30分毎	1715
	養老駅前着	820	850		1720

(三重電鉄 三重線)

	553	620	この間 20分毎	2253 2324 2335	2253 2340	キロ数 11.3 15.4	円 45 60	発近畿日本四日市着 〃孤 野発 着湯ノ山発	555 528 〃 532	609 541 551	631 600	この間 20分毎	2305 2215 2205	2328 2235 2225

🚌 **湯ノ山 — 湯ノ山温泉（三重交通）**

705 720	この間 20分毎	2045 2100	円 20	発湯ノ山着 着湯ノ山温泉発	737 725	この間 20分毎	2117 2105

39. 2. 7現在

湯ノ山——御在所山上公園 （御在所ロープウェイ）	運賃 片道 200円 往復 350円	所要 18分10秒	運転期間	4月16日—7月20日 830—1700 7月21日—8月31日 830—1900 9月 1日—10月15日 900—1700 10月16日—4月15日 900—1600	休日随時 延長運転

三重交通各線 ⊛⊛（三重電気鉄道）

39. 2. 7現在

551	622	654	この間 約30分毎	2130 2141 2201 2223	2216 2227 2247 2309	キロ数 4.1 12.1 20.5	円 20 50 80	発西桑名着 〃在大泉東〃 着阿下喜発	615 603 544 523	646 634 614 553	719 706 645 624	751 738 716 655	この間 約30分毎	2153 2141 2122 2100	2223 2211 2152 2130
603	634	705													
624	655	726													
646	717	750													

559	619	640	この間 20分毎	2213 2228	2233 2248	2253 2308	キロ数 4.8	円 20	発近畿日本四日市着 着伊勢八王子発	611 556	631 616	651 636	この間 20分毎	2225 2211	2245 2231	2305 2251
614	634	655														

555	615	635	この間 20分毎	2229 2245	2315 2305	キロ数 5.8	円 25	発近畿日本四日市着 着内部発	615 539	635 559	この間 20分毎	2209 2153	2229 2213	2249 2233	2309 2253
611	631	652		2328					619	629					

545	645	745	この間 約60分毎	1735 1800 1817 1829	1815 1841 1858 1910	1935 1959 2016 2028	2035 2059 2116 2128	2155 2219 2235 2247	キロ数 9.1 16.1 20.2	円 40 65 75	発松阪着 〃射和発 〃大師口〃 着大石発	634 610 554 544	738 711 655 645	756 729 711 701	820 752 734 723	この間 約60分毎	1924 1859 1842 1833	2003 2000 1944 1934	2023 2059 2044 2034	2124 2100 2044 2034
610	712	816																	
627	734	832																	
639	746	844																	

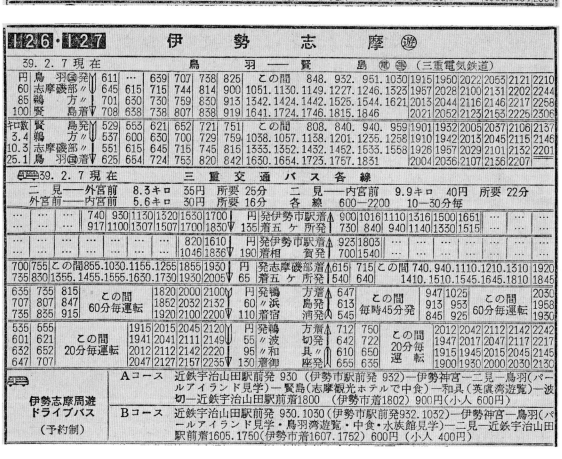

126・127 伊勢志摩 ⊛

鳥羽——賢島 ⊛⊛（三重電気鉄道）

39. 2. 7現在

円 60 85 100	鳥羽 志摩磯部〃 鵜方〃 賢島着	611 645 701 708	… 615 630 638	639 715 730 738	707 744 759 807	738 814 830 838	825 900 913 919	この間	848. 932. 951. 1030 1051. 1130. 1149. 1227. 1246. 1323 1342. 1424. 1442. 1525. 1544. 1621 1641. 1724. 1746. 1815. 1846	1915 1957 2013 2021	1950 2029 2044 2052	2022 2100 2116 2123	2053 2131 2146 2153	2121 2202 2217 2225	2210 2254 2258 2306

キロ数 3.4 10.3 25.1	賢島発 鵜方〃 志摩磯部〃 鳥羽着	529 537 551 625	553 600 615 654	621 630 645 724	652 700 715 745	721 729 745 815	751 759 815 842	この間	808. 840. 940. 959 1038. 1057. 1138. 1201. 1235. 1258 1333. 1352. 1432. 1452. 1533. 1558 1540. 1654. 1723. 1757. 1831	1901 1910 1926 2004	1932 1942 1957 2036	2005 2013 2029 2107	2037 2045 2101 2136	2106 2115 2132 2207	2137 2146 2201

三重交通バス各線

🚌 **39. 2. 7現在**

二見——外宮前 8.3キロ 35円 所要 25分	二見——内宮前 9.9キロ 40円 所要 22分
外宮前——内宮前 5.6キロ 30円 所要 16分	各線 600—2200 10—30分毎

…	…	…	740 917	930 1100	1133 1307	1530 1507	1700 1700	1830	円 135	発伊勢市駅着 着五ヶ所発	900 730	1016 840	1110 940	1316 1140	1500 1330	1651 1515	…	…	…
…	…	…	820 1046	1610 1836					円 190	発伊勢市駅着 着相賀発	923 700	1803 1540					…	…	…

700 735	755 830	この間 855.1030.1155.1255 1355.1455.1555.1630.1730	1855 1930	1930 2005	円 65	発志摩磯部着 着五ヶ所発	615 540	715 640	この間 740.940.1110.1210.1310 1410.1510.1545.1645.1810	1920 1845

635 707 735	735 807 835	815 847 915	この間 60分毎運転	1820 1852 1920	2000 2032 2100	2100 2132 2100	円 60 110	発鴨方着 〃浜島発 着宿発	647 613 545	この間 毎時45分発	947 913 845	1025 953 925	この間 60分毎運転	2030 1958 1930

535 601 632 647	555 621 652 707	この間 20分毎運転	1915 1941 2012 2047	2015 2041 2112 2127	2045 2111 2142 2157	2120 2149 2220 2235	円 55 95 130	発鴨方着 〃波切発 〃和具〃 着御座発	712 642 610 655	750 722 650 635	この間 20分毎運転	2012 1947 1915 1900	2042 2017 1945 1930	2112 2047 2015 2000	2142 2117 2045 2030	2242 2145 2130

🚌 伊勢志摩周遊 ドライブバス （予約制）	Aコース	近鉄宇治山田駅前発 930（伊勢市駅前発 932）—伊勢神宮—二見—鳥羽（パールアイランド見学）—賢島（志摩観光ホテルで中食）—和具（英虞湾遊覧）—波切—近鉄宇治山田駅前着1800（伊勢市着1802）900円（小人 600円）
	Bコース	近鉄宇治山田駅前発 930.1030（伊勢市駅前発932.1032）—伊勢神宮—鳥羽（パールアイランド見学・鳥羽湾遊覧・中食・水族館見学）—二見—近鉄宇治山田駅前着1605.1750（伊勢市着1607.1752）600円（小人 400円）

2章
モノクロ写真でよみがえる
近畿日本鉄道

1970（昭和45）年に大阪で開催された日本万国博覧会を期にした輸送需要の増加に対応すべく投入された新型特用車両。
12000系、12200系は10100系「新ビスタカー」で確率されていた近鉄特急らしさを刷新した意匠となった。座席にはリクライニングシートを採用。前照灯は埋め込み式になり、より洗練された面構えになった。
◎大阪線　1971（昭和46）年

大阪線

行き止まり式ホーム越しに、オレンジ色と紺色の２色に塗られたビスタカーを望むことができた。１編成のみが存在した初代の２階建て車両は、車両を組み替えて４、５、７両編成で運転することができた。主な運用は上本町～宇治山田間の阪伊特急。座席は全て指定で、乗車口の傍らには案内板が立っていた。
◎大阪線　上本町（現・大阪上本町）　1966（昭和41）年８月２日

準急として始発駅に停車する1300形。行先表示板には「大阪▶名張」と記載されていた。同車は大軌桜井線と参急本線が結ばれ、現在の大阪線が全通したことに対応すべく大阪電気軌道が1930（昭和５）年に1000形以降の量産車として投入した。19m級の車体を備え、輸送量の増大に備えた新製時からの３扉仕様であった。
◎大阪線　上本町（現・大阪上本町）　1966（昭和41）年８月４日

大阪線、奈良線の電車が分刻みで発着する大阪の玄関口は上本町駅。列車の発車時刻が迫ると乗車ホームはにわかに活気づく。上屋の影が車両に落ち始めた真夏の昼下がり。長駆山田線の終点、宇治山田駅まで足を延ばす急行列車が停車していた。短髪に白い半袖シャツといういで立ちの利用客に、昭和中期の流行を窺い知ることができる。
◎大阪線　上本町（現・大阪上本町）　1966（昭和41）年8月2日

国分までの区間列車運用に就く1460系は、扉を開けて客待ちの様子だ。同車両は上本町〜信貴線信貴山口間の直通準急列車等用として投入された量産車。1957（昭和32）年に登場した。丸みを大きく取った車端屋根部が特徴。両開きの扉を左右側面に3か所ずつ備える。客室窓にはサッシレスの下降式が採用された。
◎大阪線　上本町（現・大阪上本町）　1966（昭和41）年8月4日

発車時刻に備える2200系の宇治山田行き急行。先頭には郵便荷物合造車のデトニ2300形が連結されていた。荷物室の後ろにゆったりとしたボックス席を備える同車は、10100系をはじめとした近代車両が登場する昭和30年代前半までを飾った近鉄特急の象徴だった。集電装置は前面の表情を勇ましく見せる大型のパンタグラフである。
◎大阪線　上本町（現・大阪上本町）　1966（昭和41）年8月4日

駅構内の外れで奈良線へ向かう電車が次の運用まで、しばし足を休めていた。800系は近鉄流の湘南形前面窓が目を惹く。奈良線は初の18m級車で、スイス車両エレベータ製造社との技術提携により開発した、準膨張構造の軽量車体を採用した。留置線の傍らを、新旧の2200系で組成した急行列車がすり抜けて行った。
◎大阪線　上本町（現・大阪上本町）
1966（昭和41）年8月4日

往年の特急用車両2200系で組成された急行列車が、終点駅に到着した。特急列車運用から退いた後も、急行列車として
阪伊間を駆け抜けていた同車両だが、この列車は大阪線国分までの区間列車だった。昭和40年代に入り、高度経済成長
期の中で通勤客輸送を主な目的とした都市圏間の列車も長編成化されていった。
◎大阪線　上本町（現・大阪上本町）　1966（昭和41）年8月4日

奈良線の線路が並び複々線形状となった布施方から普通列車がやって来た。奈良県下の榛原と上本町を結ぶ区間列車だ。1480系は1961（昭和36）年の登場。急勾配区間が点在し、長距離運用の多い大阪線に対応した車両だった。電動制御車と電動車、制御車を1両ずつ連結した3両編成で運転することが多かった。
◎大阪線　鶴橋　1966（昭和41）年8月2日

駅に車庫が隣接する名張では、構内に事業用車両が留置されていることが多い。営業用の車両に比べると少数派で脇役のデト、モト等の形式記号を付けられた車両だが、製造年代や改造元となった車両の違いで形状は異なる。小振りなモト2701形は、参宮急行電鉄が昭和初期に投入した元デト2100形のうちの1両だ。
◎大阪線　名張　1968（昭和43）年1月4日

大阪からの準急列車が三重県境の山里である終点の名張に到着した。運用に就くモ1000形は、現在の大阪線が桜井まで延伸した際に、近鉄の前身母体の一つになった大阪電気軌道が投入した同社初の19m級車だ。急勾配区間に対応すべく200馬力の電動機を装備し、大阪と名張、青山町を結ぶ急行運用等で活躍した。
◎大阪線　名張
1963（昭和38）年11月2日

単線時代の西青山駅に到着。各駅での列車交換が頻繁だった時代である。しばらく間があって反対方向からやって来たのは名張行きの普通列車。2200系が2両編成で使用されていた。背景で口を開けるのは1930（昭和5）年に開通した青山トンネルである。全長3,432mにおよぶ長大隧道だった。
◎大阪線　西青山
1970（昭和45）年7月20日

刈り入れが終わって久しい圃場（は ヒょう）では、榾木に掛けられた稲わらが秋の日差しを気持ち良さそうに浴びていた。その向こうに続く築堤上にやって来たのは宇治山田行きの特急。「旧ビスタカー」10000系の全車両で組成された7両編成は、数多く運転される特急列車群の中でも随一の長大編成だった。
◎大阪線　赤目口〜名張
1963（昭和38）年11月2日

名張川を渡る10100系。両端部の制御車が貫通型になったＣ編成だ。登場以来、「新ビスタカー」は名古屋上本町間をノンストップで運転する甲特急に充当された。全行程を2時間20分台で走破する列車は、1964（昭和39）年に国鉄東海道新幹線が開業するまで、名阪間輸送で近鉄を国鉄に対して圧倒的な優位に押し上げた。
◎大阪線　名張～赤目口
1963（昭和38）年11月2日

三軒家信号所〜西青山間は1967（昭和42）年に複線化された。開業から3年余りを経て訪れた際にも、コンクリート製の架線柱等は白く輝き、まだ新線区間の雰囲気を残していた。標準軌の複線は行き交う電車の幅と比較するとより広く見えて、国鉄路線等の狭軌路線とは異なる迫力がある。
◎大阪線　西青山
1970（昭和45）年7月20日

温泉地の玄関駅でホームに佇んでいると、山塊の影から特急列車が姿を現した。低い陽光を受けて翼を意匠化した特急マークが輝いた。三重県中西部に横たわる青山高原の懐を貫く山越え区間は、大阪線に最後まで残った単線区間だった。東麓に開設された榊原温泉口駅の名張方には垣内東信号所が設置されていた。
◎大阪線　榊原温泉口
1970（昭和45）年7月20日

乗車した列車の先頭部に立つと、遠くの山影までまっすぐに延びる複線の線路が視界に飛び込んできた。にわかに周囲を家並が流れ始めると線路の両側に対象形の分岐が現れ、駅に向かって列車は緩やかに減速する。対向ホームでは、逆三角形の特急マークを掲出した「エースカー」が出迎えてくれた。
◎大阪線　東青山　1970（昭和45）年7月20日

10400系、11400系等の新系列車両が増備されて特急列車の運用に定着すると、近鉄特急の印象はそれまでの2200系等が
まとっていた重厚感から軽快な雰囲気へと変化した。車両の塗装は青色と黄色の組み合わせから、紺色とオレンジ色の
2色に刷新された。◎大阪線　川合高岡～伊勢中川　1968（昭和43）年1月4日

正月三が日明け。伊勢中川周辺の鉄道三角地帯は好天に恵まれた。普段は修学旅行の学生等を乗せた団体専用列車で活躍する全二階建て電車の20100系が、「迎春号」として臨時列車に充当されていた。左手に短絡線を見て橋梁を渡ると、目的地の宇治山田駅が終点となる山田線が分岐する伊勢中川駅はもうすぐそこだ。
◎大阪線　川合高岡〜伊勢中川　1968（昭和43）年1月4日

大阪線から伊勢中川の構内へ入る特急列車。今日まで、近鉄の主要列車が行き交う区間は昭和40年代まで単線で残されていた。隣駅である川合高岡と短絡線が分かれる宮古分岐点の間は1966（昭和41）年9月1日に複線化。残る伊勢中川構内の区間は1973（昭和48）年12月22日に複線化された。
◎大阪線　川合高岡〜伊勢中川
1968（昭和43）年1月4日

モ2200形との2両編成でやって来た名張き普通列車の先頭にはク1500形が立っていた。同車は大阪電気軌道が1939（昭和14）年に投入した3扉の通勤型電車である。客室座席はロングシート。登場時の形式名はクボ1500形だった。1944（昭和19）年近畿日本鉄道成立後に改番された。
◎大阪線　川合高岡～伊勢中川川　1968（昭和43）年1月4日

京都と宇治山田を直通で結ぶ特急には複電圧車の18200系が充当された。同車が登場した1966（昭和41）年当時、京都線の架線電圧は600V。一方大阪線、山田線は1500Vで、直通運転には両路線の架線電圧に対応する機能の搭載が不可欠だった。低電圧対応車でも高速性能を維持する工夫が凝らされた。
◎大阪線　川合高岡～伊勢中川
1968（昭和43）年1月4日

元特急用車両2200系。晩年は急行列車運用の他、大阪線の普通列車にも充当されていた。名張からの区間列車が寒風吹きすさぶ伊勢中川付近の三角地帯へやって来た。先頭のモ2246形は客室扉が2か所のままで、重厚感のある台車や集電装置と共に往年の雰囲気を残していた。同車はモ2200系の最終番号車である。
◎大阪線　川合高岡〜伊勢中川　1968（昭和43）年1月4日

山田線

宇治山田行きの急行は名古屋線からの直通列車。しんがりには6421系が連結されていた。同車両は狭軌時代の名古屋線へ特急用車両として1953（昭和28）年に導入された。1959（昭和34）年の伊勢湾台風で受けた甚大な被害を期に名古屋線が標準軌化された後も、台車を標準軌用に履き替えて同路線に留まった。
◎山田線　伊勢中川　1974（昭和49）年3月18日

右の車両は近畿日本鉄道成立後の1953（昭和28）年に登場し、2200系とともに近鉄の特急網を構築した2250系。ウインドウシル、ヘッダーを省かれた狭窓が並ぶ車体は、第二次世界大戦前に製造された車両と比べて軽快ないで立ちに見えた。特急運用を退いてからは3扉化され、車体塗装も他の一般車と同じマルーンレッドに塗り替えられていた。
◎山田線　伊勢中川　1974（昭和49）年3月18日

上本町（現・大坂上本町）行きの急行運用に就く2610系。1972（昭和47）年以前に製造された制御車の前面上部には、当初、行先表示器が設置されていなかった。そのために運転室下部には従来車両と同じく、金属製の行先票を掲出していた。後に増備車と同様に行先表示器が取り付けられ、正面まわりの印象は大きく変わった。
◎山田線　伊勢中川　1974（昭和49）年3月18日

2200系で組成された5両編成が名古屋行き急行として山田線を行く。屋根部分に沿って雨樋が引き通された普通屋根の車両は初期車。張り上げ屋根の車両は1939（昭和14）年以降に製造された増備車である。先頭のモ2231形は両運転台車である。後期型の電動制御車は初期車と区別してモ2227形（新製時はデ2227形）と称されることがあった。
◎山田線　伊勢中川
1974（昭和49）年3月18日

伊勢市と大阪を結ぶ急行列車は大阪線、山田線の全通以来、私鉄随一の長距離列車として運転されてきた。宇治山田以遠の五十鈴川、鳥羽まで路線が鳥羽線として延長されてからは鳥羽、五十鈴川を始発終点とする列車が現れた。しかし難波線の開業以降も今日に至るまで、大阪側の始発終点は上本町（現・大阪上本町）とされている。
◎山田線　伊勢中川
1974（昭和49）年3月18日

　４両編成と２両編成の車両を併結した伊勢志摩特急は、集電装置として大柄なパンタグラフを６基、誇らしげに屋根上に掲げていた。制御車の正面には颯爽と空を飛ぶ鳥の翼を連想させる意匠の特急マークを掲出する。11400系等、それまでおっとりとした大人しい顔立ちに映った新系列特急用車両の表情が、より洗練されつつあった昭和40年代であった。◎山田線　伊勢中川　1974（昭和49）年３月18日

伊勢中川と宇治山田を結び、名古屋線や大阪線からの特急が頻繁に乗り入れる山田線。伊勢中川付近は大きく区画整理
された、広大な田園地帯の中にある。昭和40年代には宇治山田、明星等の間に普通列車が設定されていた。志摩線の開
業で賢島まで路線が延伸した現在、普通列車は賢島を終点起点とするものが主流だ。
◎山田線　伊勢中川〜伊勢中原　1974（昭和49）年3月18日

終点宇治山田駅の手前で国鉄（現・JR
東海）参宮線を跨ぐ近鉄山田線。交差
部の向こう側には国鉄駅付近の家並
みを望むことができた。築堤を行く
2両編成の列車は6421系。1953（昭和
28）年に執り行われた伊勢神宮「式年
遷宮」に合わせて、名古屋線の特急
列車に投入された車両である。登場
時は狭軌路線用であった。
◎山田線　伊勢市〜宇治山田
1963（昭和38）年11月2日

高架上にある宇治山田駅のホーム。伊勢市駅方ホームの先端部に立つと、伊勢市の街並みを望む広々とした眺めが広がる。大阪、名古屋からやって来た特急列車は当駅で車内整備等を行った後、折り返し列車となって青空の中へ発車した。列車の中には運用の都合上、車両基地が隣接する明星駅へ回送されるものもあった。
◎山田線　宇治山田
1963（昭和38）年11月2日

名古屋線

大阪線の終点伊勢中川駅。1972（昭和47）年に増設された乗降ホームから大阪線の列車が発着するホームを望む。連絡路の地下化に合わせて上屋も新調されたが、一部には従来からの設えが残っていた。名張行の普通列車に乗り込む旅行客は少なく、旧型車両は人気のない構内で静かに発車時刻を待っていた。
◎名古屋線　伊勢中川
1974（昭和49）年3月18日

名古屋行きの普通列車が、伊勢中川駅を発車して来た。2両編成の電車は1600系。名古屋線が狭軌から標準軌道に改軌されてから初めて投入された新形式車両だった。当時、南大阪線で普通列車の主力として活躍していた6800系と同じ20m級車体を載せた3扉車は、現場等で名古屋ラビットと呼ばれた。
◎名古屋線　伊勢中川
1974（昭和49）年3月18日

伊勢中川駅に停車する名張行きの普通列車。区間列車とはいえ、途中で青山を越える厳しい仕業だ。新旧のモ2200形で組成された列車は重厚に映る。後ろに連結された車両は初期型の1番車だ。近々の引退を控え、老雄が通いなれた路で脇役の運用に勤しんでいた。◎名古屋線　伊勢中川　1974（昭和49）年3月18日

旧性能車両で組成された名古屋行きの急行列車が、終点伊勢中川から名古屋線に入って来た。先頭のク6501形は現在の吉野線の前身となった吉野鉄道が1928（昭和3）年に導入した元サハ301形。近鉄成立後に名古屋線へ移り、同路線の改軌後も一部が標準軌用の台車に履き替えて従来からの職場に留まった。
◎名古屋線　伊勢中川～桃園　1968（昭和43）年1月4日

10100系C編成に11400系1両を中川方に連結した宇治山田行きの特急。11400系は先の投入されていた10400系の増備車両として1963（昭和38）年に登場した。編成両数を自由に設定できる汎用性の高い特急用車両だった。10100系とは電動制御車と制御車の2両で組成される機会が多かった。
◎名古屋線　桃園～伊勢中川
1968（昭和43）年1月4日

名古屋線を行く10100系「新ビスタカー」。新製当初は名阪間を無停車で結ぶ甲特急に、3両で1単位となる編成を2組連結した6両で運転していたが、東海道新幹線の開業以降は所要時間の差が逆転して客足を国鉄に奪われがちとなり、3両編成で運転されることが多くなっていた。◎名古屋線　桃園〜伊勢中川　1968（昭和43）年1月4日

同系の電動制御車と二両編成で準急運用に就くク6503形。吉野鉄道が導入したサ301形が関西急行鉄道の成立で名古屋
線に異動した。昭和30年代に沿線の塩浜工場で更新化改造が実施された。一部の車両は外板が張替えられ、でウインド
ウシル・ヘッダーを省いた平板な外観に変貌した。
◎名古屋線　近畿日本四日市（現・近鉄四日市）　1971（昭和46）年

鈴鹿市近郊の伊勢若松から鈴鹿線に乗り入れる平田町行きの準急。モ6301が2両の軽快な編成で運用に就く。同車両は
近鉄を形成する母体の一つとなった関西急行電鉄が、1937（昭和12）年に1型電車として導入した中型車両だ。17m級
の車体はリベットを打って組み立てられた半鋼製だった。
◎名古屋線　近畿日本四日市（現・近鉄四日市）　1964（昭和39）年1月5日

「大阪」と記された小型の行先票を掲出した11400系。2両編成で正月期の臨時特急列車に充当されていた。電動制御車モ11400形と制御車ク11500形を自由に組み合わせることができ、列車の組成に融通が利くことから、トランプのAに因んだ「新エースカー」の愛称を持つ同車両らしい運用だ。
◎名古屋線　近畿日本四日市（現・近鉄四日市）　1964（昭和39）年1月5日

昭和40年代に入ると、一般形車両に高性能な新型車両が量産され、かつては特急列車等に活躍した戦前派の名車を置き
換えていった。旅客運用を縮小された古豪の一部は、荷物専用列車に転用された。モ6301形は関西急行鉄道が昭和初期
に導入した。登場時は深緑色の車体塗装になぞらえて「緑の弾丸」と称された。
◎名古屋線　近畿日本四日市（現・近鉄四日市）　1971（昭和46）年

名古屋行きの急行列車として、5両編成の先頭に立つモ6421形。1953（昭和28）年に伊勢神宮で執り行われた「式年遷宮」に合わせて名古屋線用に製造された特急用車両だった。昭和30年代に入って登場した10100系や11400系等、新系列車両の台頭で一般車に格下げされ、3扉化改造が施工された。
◎名古屋線　近畿日本四日市（現・近鉄四日市）　1964（昭和39）年12月31日

高性能車両として1958（昭和33）年に登場した6441系。片側側面に両開き式の3扉を備える20m級の軽量車体を採用した。しかし製造費を節約する観点から走行機器は、旧車の機器を流用した吊り掛け駆動になった。また新製時の前照灯は一灯であった。◎名古屋線　近畿日本四日市（現・近鉄四日市）　1963（昭和38）年1月5日

荷物電車の片側に連結された制御車はク6501形。関西急行電鉄が成立して名古屋線が全通した際、親会社であった大阪電気軌道の傘下にあった現在の南大阪線から、貸与の名目で転属してきた車両だ。名古屋線の改軌に伴い標準軌用の台車に履き替えたが、20m級の車体は大柄な台車と良く馴染んでいた。
◎名古屋線　近畿日本四日市（現・近鉄四日市）　1971（昭和46）年

電車が四日市駅へ到着しようとした
直前、小さな凸型電気機関車が車窓
からの眺めに飛び込んで来た。デ40
形は北勢線（現・三岐鉄道北勢線）の
前身となった北勢鉄道が1931（昭和
6）年に2両を導入。北勢鉄道が三重
交通、三重電気鉄道を経て近鉄に編
入された後、46号機が1959（昭和34）
年に内部・八王子線（現・四日市あす
なろう鉄道）へ転属した。
◎名古屋線
近畿日本四日市（現・近鉄四日市）
1971（昭和46）年

３両編成の中間部に二階建て車両を組み込んだ連接構造を備える10100系「ビスタカー」。直通運転なった名阪甲特急
に充当されると、時の国鉄特急に比べて所要時間、乗車料金、設備等で秀で、利用客から高い支持を得た。文字通り「ノ
ンストップ特急」の快進撃は東海道新幹線の開業まで続いた。
◎名古屋線　近畿日本四日市（現・近鉄四日市）　1964（昭和39）年　撮影：荻原二郎

近畿日本四日市（現・近鉄四日市）駅を通過する10100系「ビスタカー」の名阪特急。編成の一端に貫通扉を備えた制御車を連結している。1959（昭和34）年の伊勢湾台風襲来にめげることなく名古屋線の標準軌化が完成し、名古屋線、大阪線を経由して名阪間を途中で乗り換えることなく1本の列車で運転できるようになった。
◎名古屋線　近畿日本四日市（現・近鉄四日市）　1964（昭和39）年　撮影：荻原二郎

名古屋行き急行列車の先頭に立つモ6311。1942（昭和17）年に大阪府堺市にあった帝國車輛工業で5両が製造された。
当時の日本は準戦時体制下にあり、鉄道車両の新製は難しい状況であった。しかし、名古屋線の沿線にはいくつもの軍
事施設があったことから、特別に製造許可が下りたといわれる。
◎名古屋線　近畿日本富田（現・近鉄富田）　1964（昭和39）年1月5日

10100系C編成のみで運転する特急列車。
同車両は連接構造で、電動制御車2両の間
に二階建て構造の付随車を組み込んでい
る。電動制御車と付随車の間にボギー台
車を入れ、3両編成の車両を4組の台車で
支える構造を採用した。片側に流線形の
先頭部を備えるA、B編成も同じ仕様だ。
◎名古屋線　近畿日本富田（現・近鉄富田）
1964（昭和39）年1月5日

上下列車の急行運用に就くモ2200形とク6501形がホームで並んだ。ク6501形は狭軌路線時代から名古屋線で活躍した車両。同路線が改軌されるまで両車両は大阪線と接続する伊勢中川駅で、ホーム越しにお互いの姿を眺めるしか邂逅の機会はなかった。名古屋線には改軌以降、2200系が入線するようになった。
◎名古屋線　近畿日本富田（現・近鉄富田）　1964（昭和39）年1月5日

名古屋線の急行列車は、山田線の宇治山田駅まで直通する列車の他、起点の伊勢中川駅を終点とするものがある。伊勢
中川駅では上本町方面からやって来る、宇治山田行きに接続する措置が取られていた時間帯があった。特急列車はもと
より、急行列車等でも乗り継ぎの利便性が図られている。
◎名古屋線　近畿日本富田（現・近鉄富田）　1968（昭和43）年1月4日

優れた加減速性能から重用され、近鉄社内で「名古屋ラビット」と呼ばれた1600系。名古屋線は近鉄富田付近で国鉄（現・JR東海）関西本線を跨ぐ。車体塗装はクリーム色の地に青色の細い帯を巻いた当時の高性能車標準色。青空を背景に築堤を上る姿は、まさに野を駆けるウサギの様だった。
◎近畿日本鉄道　名古屋線
富洲原（現・川越富洲原）
～近鉄日本富田（現・近鉄富田）
1964（昭和39）年1月5日

数世代前の電車を彷彿とさせるいで立ちの荷物合造車が日当たりの良いホームに停車していた。モニ6251形は参宮急行電鉄が1930（昭和5）年に投入した元デニ2000形。新製当初は現在の山田線等、標準軌路線で使用された。しかし参宮急行電鉄が関西急行鉄道に統合され、江戸橋～伊勢中川間が狭軌化されたのを機に名古屋線に転属した。
◎名古屋線　富洲原（現・川越富洲原）　1964（昭和39）年12月13日

昭和40年代まで本線の運用に就いていたクニ6480形。名古屋線を建設した会社のうちの一つである伊勢電気鉄道が、昭和初期に投入した元デハニ231形である。伊勢電気鉄道が参宮急行電鉄に買収され、後に近畿日本鉄道が成立してからは名古屋線で活躍し、同路線が標準軌化されてからも台車を標準軌用に履き替えて居残った。
◎名古屋線　富洲原（現・川越富洲原）　1964（昭和39）年12月13日

伊勢湾台風がもたらした大災害による痛手を払拭するかのように、1959（昭和34）年末に登場した10100系「新ビスタカー」。3両編成の片側に流線形の先頭形状を持つモ10100形を連結した編成はＡ編成である。集電装置として屋上に大型のパンタグラフを2基載せた勇ましい姿だった。二階建て車両を挟んだ宇治山田方には、貫通扉を備えた電動制御車が付いた。◎名古屋線　桑名　1965（昭和40）年12月30日

元狭軌用の電車が乗ると標準軌の広い幅が際立った改軌から程ない頃の名古屋線。車両は狭軌時代から急行等に使用されてきたク6501形である。名古屋線の改軌後も台車を履き替えて同路線の普通列車等で活躍した。屋上に設置されているベンチレーターはお椀型で、吉野鉄道の車両として誕生した昭和初期の古風な雰囲気を残していた。
◎名古屋線　桑名　1961（昭和36）年　撮影：荻原二郎

4、6、7、8番の順に並ぶ近鉄、桑名駅のホーム。現在5番は欠番になっている。かつては4、6番線があるホームの名古屋方欠き取り部に5番ホームがあり、名古屋との間に設定されていた区間列車等で使用されていた。しかし、名古屋線の改軌時にこの行き止まりホームは設置されなかった。のりば番号の割り当ては狭軌時代のままで今日に至る。
◎名古屋線　桑名　1970（昭和45）年

小荷物、郵便等の輸送が鉄道で行われていた昭和の中期。国鉄路線には長大編成の荷物列車が運転されていた。大手私鉄でも荷物専用の列車が設定され、日中に思いがけず、古参電車を駅頭等で見かける機会があった。かつて特急で活躍したモ6401形が荷物電車の列車種別票を掲出して、ホームに滑り込んで来た。◎名古屋線　桑名　1970（昭和45）年

下りホームに入って来た2両編成の列車は、駅に隣接して車両基地がある白塚行き普通。先頭には第二次世界大戦前から急行等に充当されてきたク6501形が立つ。10両が在籍した同車両のうち9両は、1959（昭和34）年に実施された名古屋線の改軌に伴い、標準軌用の台車に履き替えて引き続き名古屋線で使用された。
◎名古屋線　桑名　1970（昭和45）年

急行列車の運用に就くモ6251形。同車は参宮急行電鉄が昭和初期に投入した制御車からの改造車である。第二次世界大戦後、輸送量が拡大する状況に対応すべく付随車等の電装化が進められた。モ6267形はク6325形を電装化してモ6325形とした後、さらに改番して生まれたモ6261形のうちの1両である。
◎名古屋線　桑名
1970（昭和45）年

昭和30年代に入り、特急運用を10100系等の新系列近代車両に譲ってからは大阪、名古屋、山田各路線の急行運用が主体となっていた2200系。当時の一般形車両共通の渋い赤色一色に塗り替えられ、ウインドウシル・ヘッダー、雨樋が車体に引き通された重厚ないで立ちが一層強調されたように見える。
◎名古屋線　桑名　1965（昭和40）年12月30日

名古屋線の急行列車に組み込まれたサ3000形。特急に活躍した2200系の中で、運転台を持たない中間車である。3016形は特急運用から外れた後に3扉化された。塗装も特急色から一般車色に塗り替えられて往時の精悍さは失われていたものの、側面にずらりと並ぶ狭窓は健在で、依然として優等列車用車両の面影を色濃く残していた。
◎名古屋線　桑名　1965（昭和40）年12月30日

員弁川の右岸近くに設置された伊勢朝日駅。伊勢電気鉄道の駅として1929（昭和4）年1月30日に開業した。構内は上下本線に1面ずつののりばホームを備える。近くに東芝（現・東芝インフラシステムズ）の工場がある。国鉄（現・JR東海）関西本線の朝日駅とは約1.3km離れている。◎名古屋線　伊勢朝日　1964（昭和39）年12月13日

検車区が隣接する富吉は1964（昭和39）年に開業した名古屋線では若い駅。ホーム2面4線の簡潔な構内配線を備える。
名古屋方面へ向かう列車に乗って駅に停車すると、2番のりばに団体用の20100系「あおぞら号」が思いがけず停車し
ていた。同車両で1単位となる3両編成の列車だった。
◎名古屋線　富吉　1968（昭和43）年1月4日

半袖シャツの通勤客が目立つ朝の名古屋市近郊。菱形の白抜き地に行先を描かれた赤枠の表示板を掲出して、急行列車がホームに滑り込んで来た。先頭の6401系は狭軌路線時代の名古屋線で、特急列車用に増備された車両だ。同路線の標準軌化後は台車の履き替え等を施工され、引き続き名古屋線で急行等に充当された。
◎名古屋線　近畿日本蟹江（現・近鉄蟹江）　1965（昭和40）年7月　撮影：荻原二郎

柱部分を建材で囲み、近代的な駅の雰囲気が漂っていた近鉄名古屋の構内。2、3、4番のりばは線路の両側に沿って
ホームがあり、乗降客を異なるホームへ誘う構造だ。列車の多くが金属製の行先票を掲出していた時代には、先頭車や
列車の最後尾が停まる辺りに差し替える票を入れておく枠が設置されていた。
◎名古屋線　近鉄名古屋　1974（昭和49）年3月18日

奈良線

林立する架線柱、信号機を掻い潜るかのように、遠くに霞む複々線区間の向こうから奈良線の特急列車がやって来た。
終点に到着しようとする列車は、目の前で滑らかに減速した。車体は通勤型車両と同様な設えだが、鹿を意匠化したヘッドマークと特急票が特別な列車であることを誇示していた。
◎奈良線（大阪線区間）　上本町（現・大阪上本町）　1966（昭和41）年8月4日

奈良線に初の大型車として投入された900系。車体形状や搭載機器、装備品等、多くの仕様が後に登場する通勤型車両へ踏襲された。20m級の車体を載せた近代車両であるにも関わらず、三桁の形式番号が付けられたのは、本車両が計画された当時に奈良線等の600Ｖ区間で使用する車両については、三桁の形式を付ける取り決めがあったからとされる。
◎奈良線（大阪線区間）　鶴橋　1966（昭和41）年8月4日

急行列車で活躍する800系。登場時から奈良線の無料特急列車に充当されてきた同車両は、新生駒トンネルの開業で900系、8000系統の大型車が全区間に入線できるようになったのを期に急行、準優列車に充当されることが多くなった。それでも車体に巻かれた銀色の帯等は、特別な車両であることを窺わせていた。
◎奈良線（大阪線区間）　鶴橋　1966（昭和41）年8月4日

瓢箪山行きの区間列車運用に就く8000系。瓢箪山駅は現在の東大阪市内に設置され、大阪奈良県境にそびえる高安山(488m)の西麓に位置する。大阪府の東部を横断して新生駒トンネルの手前で終点となる仕業は、急勾配区間に対応する高出力の電動機を備えた本車両にとっては足慣らし程度だろうか。
◎奈良線（大阪線区間）　鶴橋　1966（昭和41）年8月4日

奈良線内の建築限界拡幅工事進捗と新生駒トンネルの開業に伴い、全区間に入線できる20m級車体を持った車両として誕生した8000系。600V区間で使用されていた小型車を置き換えた。輸送需要の増加を追い風に関連系列の車両を含めて400両近くが製造され、近鉄に所属する車両で最大両数を誇った。
◎奈良線（大阪線区間）　鶴橋　1966（昭和41）年8月2日

国鉄奈良駅に向かう線路を跨ぐ築堤上に設置されていた油阪駅。当駅より近畿日本奈良（現・近鉄奈良）駅に向かって
線路は地平部へ下り、奈良公園へ続く大宮通り等を通る併用軌道区間が続いていた。同時期に登場した国鉄80系電車と
同様の正面二枚窓を備える車両は800系。1955（昭和30）年より製造され、奈良線の座席指定料金を要しない特急に充当
された。◎奈良線　油阪　1957（昭和32）年　撮影：荻原二郎

奈良線の併用軌道区間を行く電車は奈良電気鉄道所属のデハボ1350形。1953（昭和28）年に新設された京都〜奈良間の特急に充当されたデハボ1200形の増備車である。観光都市を結ぶ列車用らしく、クロスシートを備えていた。上質な室内装備等が評価され、奈良電が近鉄に吸収合併された後も有料特急に用いられた。
◎奈良線　油阪〜近畿日本奈良（現・近鉄奈良）　1962（昭和37）年　撮影：藤山侃司

奈良、京都、橿原線の架線昇圧は1969（昭和44）年に実施された。昇圧に対応する車両は、従来からの小型旧型車の中から経年の浅いものを選び、改造を施してまかなった。600系は本線用の4両編成が基本だ。普段は一般客を乗せる定期運用に就くが、この時は「団体」と記された列車種別票を掲出して臨時運用に就いていた。
◎奈良線　油阪〜近畿日本奈良（現・近鉄奈良）　1963（昭和38）年11月2日

新製時より奈良線を主に運用された800系。大阪奈良の県境を貫く生駒トンネルを含む、鶴橋〜西大寺間を無停車で運転する無料の特急列車に充当された。無料特急は現在の快速急行列車に相当する。正面には奈良線の速達列車を象徴する、鹿をあしらったヘッドマークを掲出していた。
◎奈良線　油阪〜近畿日本奈良（現・近鉄奈良）　1963（昭和38）年11月2日

生駒線

生駒山麓の拠点駅である生駒は生駒線の終点。王寺との間を往復する普通列車が日当たりの良い構内南側のホームで発車時刻を待っていた。820系は1961（昭和36）年製の18m級車。当初は奈良線の指定席券無料特急に充当された。奈良線、京都線等の車両限界が拡幅されて大型車が入線するようになると、活躍の場を生駒線、田原本線に移した。
◎生駒線　生駒　1975（昭和50）年　撮影：山田虎雄

京都線

十条駅に入線する京都行きの電車。手前の踏切は十条通りだ。都が置かれていた時代より、碁盤の目状に区画整理がされた京都市街地の南端部に相当する地域である。平成時代に入って竹田〜東寺間の連続立体交差化工事が始まり、当駅は1998（平成10）年に下り線。翌年に上り線が高架化された。◎京都線　十条　1980（昭和55）年　撮影：荻原二郎

昭和初期より西大寺〜京都間の鉄道路線を運営していた奈良電気鉄道は、1963（昭和38）年10月1日に近畿日本鉄道と合併し、既存の路線は近鉄京都線になった。標準軌の線路と嵩高なホームが重厚感を漂わせる新田辺駅の構内には、奈良電時代からの旧型車両が停車中。これらの車両の多くは移籍に伴い400系と形式を変更した。
◎京都線　新田辺　1963（昭和38）年　撮影：荻原二郎

ホームには三條と記載された行き先表示板を掲出した400系が停車中。京都線が架線電圧を600Vから1,500Vに昇圧する前年まで、京阪本線との相互乗り入れが行われていた。奈良電時代より使用されてきた15m級の車体を備える小型車両は、昇圧化後も電装機器等を1500V仕様に改造されてしばらく活躍を続けた。
◎京都線　新田辺　1964（昭和39）年　撮影：荻原二郎

橿原線

構内の北西方に郡山城址が広がる近鉄日本郡山（現・近鉄郡山）駅。国鉄（現・JR西日本）関西本線の郡山駅は東へ1km
ほど離れて建つ。橿原線と国鉄線は市街地を南北方向に延び、やや距離をおいて並行する線形だ。両駅を結ぶ通りは近
鉄側が商店街になっている。橿原線に近い通りの北側は、市役所や中央公民館等が建つっ官庁街だ。
◎橿原線　近畿日本郡山（現・近鉄郡山）　1956（昭和31）年　撮影：荻原二郎

モ200形は今日の近鉄をかたちづくった前身母体の一つである大阪電気軌道（大軌）が、現在の奈良線を開業する際に投入した元デボ1形、デボ19形である。半円形の正面周りに5枚窓を備える古風ないで立ちの電車は1914（大正3）、1915（大正9）年製。生駒越えの急勾配に挑んだ創世期の電車は、晩年を平坦区間が多い橿原線等で過ごした。
◎橿原線　近畿日本郡山（現・近鉄郡山）　1961（昭和36）年4月30日　撮影：荻原二郎

橿原線を縦走する普通列車運用に就いたモ200形。近鉄の前身母体のひとつとなった大阪電気軌道が現在の近鉄奈良線に相当する上本町（現・大阪上本町）〜大軌奈良（現・近鉄奈良）間の開業に合わせ、1914（大正3）年に投入したデボ1形である。正面5枚窓に二重屋根を備える優美な姿の14m級電車だった。
◎橿原線　平端　1963（昭和38）年11月2日

天理線

奈良盆地の平坦地を東西に延びる天理線は、路線距離4.5km、途中駅2つの短路線だ。大正時代に法隆寺軽便鉄道として新法隆寺（後の近畿日本法隆寺）〜天理間が開業。1921（大正10）年に全線が大阪電気軌道に買収されて天理線となった。翌年に平端〜天理間が分離され、標準軌に改軌の上、架線電圧600Ｖで電化された。
◎天理線　前栽〜天理　1955（昭和31）年　撮影：荻原二郎

田原本線

国鉄（現・JR西日本）関西本線と近鉄の生駒線、田原本線が集まる王寺駅。生駒線ののりばと向かい合う構内線形をかたちづくる田原本線の起点駅は、大正時代に大和鉄道として開業以来「新王寺」を名乗る。昇圧前のホームには再組成、改番が施行される前のモ600形が往復仕様の行先表示板を掲出して単行で停まっていた。
◎田原本線　新王寺　1967（昭和42）年　撮影：荻原二郎

南大阪線

車体に取り付けられたラビットカーのエンブレムをデザインしたヘッドマークを掲出した2両編成の6800系が、大阪府の南部を横断する南大阪線の起点駅で並んだ。各駅停車の普通列車が持ち味の急加速で急行、準急が設定された過密ダイヤを縫って俊敏に走る様子が、飛び跳ねるウサギを彷彿とさせることから付けられた愛称だった。
◎南大阪線　大阪阿部野橋　1966（昭和41）年1月1日

狭軌路線でありながら大阪ミナミの中心部へ乗り入れる南大阪線。大阪阿部野橋駅は同路線の起点で国鉄（現・JR西日本）の天王寺駅に隣接する。拠点駅の一番のりばには、藤井寺行の普通列車が停車していた。6800系は高加減速を得意とした車両。特急、急行等の合間を縫って走行する普通列車に適した性能を備えていた。
◎南大阪線　大阪阿部野橋　1966（昭和41）年1月1日

元旦を迎えた大阪阿部野橋駅のホーム。初詣客が降車してしばらく経ってからの光景だろうか。構内にはつかの間の静けさが漂っている。昨年末からの寒波が吉野地方に雪をもたらしたようで、上り列車の先頭部には連結面の踏板等に僅かながら白く縁取られた部分が見える。
◎南大阪線　大阪阿部野橋　1966（昭和41）年1月1日

下り列車に乗るとすぐに運転台付近に立って前方を見渡した。構内の線路を支える枕木は取り換えられて間もない様子だ。陽光を浴びて白っぽく見える木が続く光景にしばし見入られていると、森林鉄道に敷設されたテンバーとレッスル橋を渡っているような感覚に陥った。白日夢を覚ますかのように正面から普通列車が迫って来た。
◎南大阪線　古市　1966（昭和41）年1月1日

古市駅は長野線が分岐し、南大阪線にお
ける拠点の一つだ。構内の南西方には南
大阪線系統で運転される全ての車両が所
属する古市検車区が隣接する。また樫原、
道明寺駅と並んで現存する近鉄の駅では
最古参の存在だ。当駅は河陽鉄道として
柏原〜道明寺〜古市間が開業した1898
（明治31）年３月24日に開業した。
◎南大阪線　古市
1966（昭和41）年１月１日

モ5805番車は国鉄80系等に似た湘南窓のいで立ち。元は他のモ5801形と同様、大阪電気軌道が大正期に導入した木造電車のデイ1形である。1955（昭和30）年に車体を鋼体化した際、モ5805、5806形は同時期に製造された近鉄800系と同様な丸みを帯びた流線形の車体形状に改装された。◎南大阪線　古市　1966（昭和41）年1月1日

ク6675形を先頭にした準急列車。古市から長野線に入り、同路線の終点である河内長野駅まで運転する直通する列車だ。モ6600、ク6670形等は南大阪線の前身となった大阪鉄道が1928（昭和3）年から導入し、日本初の20m級電車となった。1930（昭和5）年までに同系列の車両を含めて60両が製造された。
◎南大阪線　古市　1966（昭和41）年1月1日

日中は日差しにめぐまれたものの西の空を黒い雲が覆い始めて、元旦の夕刻はみるみる暗くなっていった。構内に明かりが灯った頃、下りの急行列車が目の前で停まった。マルーンレッドの車体は薄明りの中で黒っぽく映り、反対側ホームの蛍光灯を反射して蒼色に染まりゆく宵の口の雰囲気を演出していた。
◎南大阪線　古市　1966（昭和41）年1月1日

線路が描く大きな曲線の外側に立って古市方に目を向けていると、吉野行きの急行列車がやって来た。先頭のク6514形は吉野鉄道が昭和初期に導入した元サハ301形のうちの1両。関西急行成立後にとク5511形となった。さらに近畿日本鉄道の車両となってからク6510形と形式を変更した。
◎南大阪線　駒ケ谷〜古市　1966（昭和41）年1月1日

古市駅付近で南大阪線の線路は大き
な曲線を描いて進路を東に取る。線
路の南西側には田畑が広がり、向こ
う側には羽曳野市の家並が続いてい
た。昭和初期に製造されたモ6601形
は35両が製造され、南大阪線が近畿
日本鉄道の路線となった後も主力車
両として活躍した。やって来たのは
3両編成中、電動車を2両組み込ん
だ強力編成だった。
◎南大阪線　古市〜駒ヶ谷
1966（昭和41）年1月1日

初日の出を迎えて柏手を打つのもそこそこに線路際へ繰り出すと、周囲に広がる畑の尾根筋には霜柱が行列を成して立っていた。淡々と、しかし厳しく冷え込む空気の中、古市駅方から響いてくる電車の走行音は心なしかいつもより甲高く聞こえた。踏切の音が響いてから間もなくして現れたのは、ク6671形を先頭にした3両編成の急行列車だった。
◎南大阪線　古市
1966（昭和41）年1月1日

モ5801形を先頭にした4両編成の列車。前2両が電動制御車で、制御車2両を従え様子は大型のパンタグラフと相まって機関車が牽引する客車列車のような風情である。モ5801形は1923（大正12）年製に木造車として誕生。第二次世界大戦後に車体を鋼体化した際に正面の窓は2枚となり、愛嬌のある顔立ちになった。
◎南大阪線　古市
1966（昭和41）年1月1日

20m級の車体を生かして、第二次世界大戦後の大量輸送に貢献したモ6601形系列は元大阪鉄道の車両だ。1940（昭和15）年に橿原神宮で「紀元2600年記念行事」が開催された折りには、特急列車に充当された。客室の三扉化は乗降客の利便性を高める目的で戦後に施工された。◎南大阪線　駒ケ谷～古市　1966（昭和41）年1月1日

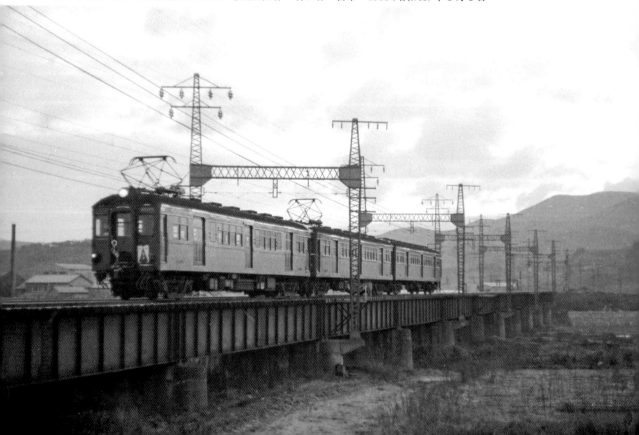

安閑天皇陵がある古市駅構内の南側は、昭和40年代初頭には田畑が広がるのどかな一画だった。遠くには金剛山地に連なる二上山（雄岳517m雌岳474m）を望む。冬枯れの中、正面に二枚窓を備えるモ5801を先頭にした普通列車が寒気を切り裂いて走る。行先票の他、円形の小振りなヘッドマークを掲出していた。
◎南大阪線　駒ケ谷〜古市　1966（昭和41）年1月1日

石川を渡り、吉野路へ向かう16000系の特急列車。当初は定期列車3往復。週末から日祝日、行楽期等に運転する臨時列車3往復が設定された。それまで「かもしか号」に充当されていたモハニ231は、転換式クロスシートを備えた豪華装備車だったが、新型車両は近代的な外観と装備で吉野特急に見る楽しみ、乗る楽しみを付加した。
◎南大阪線　古市～駒ケ谷　1966（昭和41）年1月1日

モ5203形を先頭にした3両編成の列車が上り勾配区間をさっそうと駆ける。同車両は大阪鉄道が古市～久米寺（現・橿原神宮前）間を開業した1929（昭和4）年に大阪阿部野橋から吉野への直通運転用として、吉野鉄道が投入した元モハ201形とサハ301形。16m級の鋼製車体を載せ、新製時より車体の両端部に貫通扉を備えていた。
◎南大阪線　駒ケ谷～古市　1966（昭和41）年1月1日

現存する近畿日本鉄道に属する路線で最古の区間は南大阪線、道明寺線の道明寺〜柏原〜古市間だが、古市〜久米寺
（現・橿原神宮前）の開業も1929（昭和4）年と長い歴史に彩られている。昭和40年代に入っても、沿線には年季の入っ
た施設等が散見された。個性的な形をした鋼製の架線柱は第二次世界大戦前からのもの。沿線に点在する寺社の装飾
品を思い起こさせる。◎南大阪線　古市　1966（昭和41）年1月1日

南大阪線の車両が全て所属する古市検車区。正月の日中はほとんどの車両が出払っている様子で、構内には入れ替え用の凸型電気機関車や役目を終えた二重屋根の古びた電車が顔を覗かせるばかりだった。横梁との接合部を弧を描く鉄材で補強した金属製の架線柱等は、長い歴史を感じさせる施設だ。
◎南大阪線　古市検車区　1966（昭和41）年1月1日

南大阪線、橿原線の終点は橿原神宮駅(現・橿原神宮前)。南大阪線からさらに西進する吉野線の列車が発着する4番ホームにモ5601形が停車していた。道明寺線、南大阪線、長野線の前身となった大阪鉄道が路線の電化に伴い、1923(大正12)年に導入した元デイ1形である。日本で初めて直流1500Vの架線電圧を採用した電車だった。
◎南大阪線　橿原神宮駅(現・橿原神宮前)　1965(昭和40)年　撮影：荻原二郎

長野線

古市駅の南側で長野線と古市検車区へ延びる線路は国道170号線を潜る。大阪府下の羽曳野市内を縦断する国道は、高槻市と泉佐野市を結ぶ一般道。府の東部から南部にかけて県境部から少し離れた地域をなぞる様に延びている。長野線とは終点の河内長野まで、ほぼ並行して進む。◎長野線　古市〜貴志　1966（昭和41）年1月1日

周囲の街灯に明かりがつき始めた。程なくして古市駅を発車した下り列車が国道との交差部から顔を出した。薄暮になりつつ時間帯故、動体を撮影するには遅めのシャッターを切るとオレンジバーミリオンの車体が幻想的に流れた。南大阪線用に開発された6800系は、急行列車等の運用で長野線に入線することがあった。
◎長野線　古市〜貴志　1966（昭和41）年1月1日

道明寺線

国鉄（現・JR西日本）関西本線柏原駅の一画を間借りしているような形状の道明寺線ののりばホーム。駅の開業は関西本線の元になった大阪鉄道の方が先だが、道明寺線ののりば番号に1が振られている。上屋の柱には近鉄線のりばを指す札が掛かる。ホームには大阪鉄道が大正末期に製造した古参車両のモ5621形が停まっていた。
◎道明寺線　柏原1966（昭和41）年6月4日　撮影：荻原二郎

御所線

御所線の終点は近畿日本御所（現・近鉄御所）駅。国道166号下街道を隔てて国鉄（現・JR西日本）和歌山線の御所駅と対峙している。昭和40年代のホームに停まる古風な電車はモ5621形。先頭のモ5627は1925（大正14）年の製造。正面の5枚窓や床下に渡されたトラス棒が昔日に想いを馳せさせる。末期には手荷物輸送の専用車となり、1969（昭和44）年まで運用に就いた。◎御所線　近畿日本御所（近鉄御所）　1965（昭和40）年　撮影：荻原二郎

湯の山線

大柄なサ2000形を最後尾に連結した下り列車が大きな曲線区間へ走って行った。前方には紅葉、樹氷の名所として知られる御在所岳（1,212m）がそびえる。線路の周囲には水田が広がるものの、見上げれば頭上を高圧電線が渡り、秀峰の手前には町工場の煙突が立っていて、工業都市の近郊らしい眺めをかたちづくっていた。
◎三重交通湯の山線（現・近畿日本鉄道湯の山線）　1964（昭和39）年1月5日

軌間762mmの特殊狭軌路線として運行していた湯の山線。地平部に設置されていた起点駅のホームに停車するのはモ4400形だ。三重交通が湯の山温泉、御在所岳へ向かう観光列車として1959（昭和34）年に導入した。電動制御車2両で付随車1両を挟んだ連接構造の3両編成だった。駆動機構には垂直カルダン方式を採用した。
◎三重交通湯の山線（現・近畿日本鉄道湯の山線）　近畿日本四日市（現・近鉄四日市）　1964（昭和39）年1月5日

1944（昭和19）年。湯の山線を開業した四日市鉄道を昭和初期に吸収合併した三重鉄道等の6社が合併して三重交通が設立された。新会社の路線となった四日市を起点とする湯の山線、内部線、八王子線は総称として三重線と呼ばれた。湯の山線が特殊狭軌路線であった時代には、湯の山と内部を直通する列車が設定されていた。
◎三重交通湯の山線
（現・近畿日本鉄道湯の山線）
1964（昭和39）年1月5日

　３月の標準軌化に備えて工事が進む湯の山線。架線柱に梯子が掛けられ、電気工事が行われているようだ。改軌と同時に架線電圧も直流750Vから本線系と同じ1500Vに引き上げられた。架線電圧は1959（昭和34）年に直流600Vから引き上げられていた。既存の車両、施設で列車の運行を確保しつつ、線路際で作業が続く。
◎三重交通湯の山線（現・近畿日本鉄道湯の山線）　1964（昭和39）年1月5日

菰野駅でモ6261形同士が交換した。第二次世界大戦後の車両不足下で、四日市市内にあった超旧曲線区間に対応すべく、戦火で焼失した車両の台枠、車籍等を活用して新製名目で落成した19m級の車体を持つ車両だった。改軌後の名古屋線でも台車を履き替えて引き続き運用され、1974（昭和49）年まで中京地区の大量輸送を担った。
◎三重電気鉄道湯の山線（現・近畿日本鉄道湯の山線）　菰野　1964（昭和39）年5月3日　撮影：荻原二郎

内部線・
八王子線

昭和39年の年明けは正月3が日の後
に土日曜日が続く日程だった。午後
遅くに四日市の街中に到着した列
車からはたくさんの人が降りてき
た。初売りの目玉商品が目当ての買
い物客か。それとも寝正月に飽きて、
盛り場へ繰り出そうとする与太郎だ
ろうか。軽便鉄道の駅とは思えない
くらい構内には雑踏が響いていた。
◎三重交通内部線
（現・四日市あすなろう鉄道内部線）
近畿日本四日市
（現・あすなろう四日市）
1964（昭和39）年1月5日

特殊狭軌線時代の湯の山線で主力となっていた大柄なサ2000形が、モニ211形に牽引されて内部線を行く。同車両は1960（昭和35）年から1962（昭和37）年にかけて7両が製造された。湯の山線は1964（昭和39）年3月1日に標準軌化されて内部、八王子線への乗り入れは廃止された。
◎三重交通内部線
（現・四日市あすなろう鉄道内部線)
1964（昭和39）年1月5日

文字通りマッチ箱のような形状の付随車を率いて、モニ221形が四日市市郊外の田園地帯を進む。付随車に比べて一回り大きく見える電動車の全長は11m余りだ。モニ228形は湯の山線用として1949（昭和24）に増備されたが、同路線が1964（昭和39）年に標準軌へ改軌されると、隣接していた内部、八王子線で使用された。
◎三重交通内部線
（現・四日市あすなろう鉄道内部線）
1964（昭和39）年1月5日

草刈りがなされてきれいに整えられた
築堤上に近畿日本四日市行きの電車が
やって来た。昭和30年代の終わり頃か
ら自家用車の台頭や沿線人口の減少等
により、各地の中小鉄道で赤字経営が続
き、路線の運営、管理が難しくなり始め
た。それまでの線路際は美しく整備さ
れて、列車は気持ち良さそうに往来して
いたものだった。
◎三重交通内部線
（現・四日市あすなろう鉄道内部線）
1964（昭和39）年1月5日

遊園地の遊具にも似たか可愛らしい雰囲気の付随車を牽引するのはモニ211形。軌間762mmの特殊軌道路線として湯の山線を開業した四日市鉄道が1928（昭和3）年に導入した電動荷物合造車の元デ50形である。湯の山線、内部、八王子線の経営者が変わる中で形式名も変更を重ね、近鉄所属の車両となった際にモニ210形とした。
◎三重交通内部線
（現・四日市あすなろう鉄道内部線）
1964（昭和39）年1月5日

緩勾配を内部行きの列車が駆け下りてきた。内部線は工業都市四日市の南西部に延びる路線だが、昭和30年代の市郊外は鉄道の周辺に民家等が建て込み始めてはいたものの、まだ田畑を縫って走る田舎電車の風情が随所に残っていた。昭和初期に製造された厳めしい姿の電車が周囲の景色と馴染む良き時代だった。
◎三重交通内部線（現・四日市あすなろう鉄道内部線）　1964（昭和39）年1月5日

四日市市の南部を流れる鹿化川を渡る３両編成の伊勢八王子行。橋を渡った先にある日永駅から八王子駅へ延びる八王子線が分岐する。同路線は1974（昭和49）年に集中豪雨で並行する天白川が氾濫して被災。1976（昭和51）年に日永〜西日野間は復旧したが、西日野〜伊勢八王子間は廃止された。
◎三重交通内部線（現・四日市あすなろう鉄道内部線）　赤堀〜日永　1964（昭和39）年１月５日

二軸の10ｔ級電気機関車デ62形。松阪鉄道が大石線（後の三重電気鉄道松阪線）の電化に伴い導入した元デキ11形である。同車は田中車輛工場（現・近畿車輛株式会社）で２両が製造されデキ11、デキ12形と番号付けされた。デキ12形は大石線が三重交通の路線となった際にデ62形と改番。同路線が昇圧する直前に同じく三重交通傘下の路線になっていた北勢線へ転属した。◎三重交通　1964（昭和39）年１月５日

湯の山線のりばから眺めた内部線のホーム。軌間762mmのか細い線路上に単行の小型電車が停車していた。モ241は同路線の前身であった四日市鉄道が1928（昭和3）年に導入した元60形。当初は駆動機器を搭載しない付随車だった。1951（昭和26）年に電装、両運転台化改造が施工されてモ240形となった。
◎内部線（現・四日市あすなろう鉄道内部線）　近鉄四日市（現・あすなろう四日市）　1971（昭和46）年5月6日

標準軌の電車が出入りする湯の山線のホームから隣の内部線ホームを望む。停車する3両編成の電車で、先頭に立つ電動車はモニ210形。湯の山線を開業した四日市鉄道が1928（昭和3）年に導入した元デ50形である。四日市鉄道は1933（昭和6）年に内部、八王子線を開業した三重鉄道と合併。さらに三重交通の発足、近畿日本鉄道との合併と、同車両は所属会社が変遷を重ねる度にデハニ50形、モニ211形と形式が変更された。写真の列車は八王子線へ向かう伊勢八王子行きである。
◎内部線（現・四日市あすなろう鉄道内部線）　近鉄四日市（現・あすなろう四日市）　1965（昭和40）年　撮影：荻原二郎

鈴鹿線

現在の名古屋線伊勢若松と神戸（かんべ）城の城下町であった神戸町（現・鈴鹿市の一部）を結ぶ路線として伊勢鉄道（後の伊勢電気鉄道）が大正末期に開業した神戸（現・鈴鹿）線。1963（昭和38）年に平田町までの区間が延伸開業し、伊勢神戸は駅名を鈴鹿市と改めた。神戸線時代には、棒線構造であった線路の両側にホームがあった。
◎神戸線（現・鈴鹿線）　伊勢神戸（現・鈴鹿市）　1961（昭和36）年5月3日　撮影：荻原二郎

志摩線

志摩線の起点鳥羽に停車するモ5211形。三重交通が志摩線の観光路線化を図り、1959(昭和34)年と1960(昭和35)年に1両ずつ投入したモ5210形である。主要機器や台車等は志摩電気鉄道創業以来の電車であるモニ550形から流用し、15m級の車体を載せている。志摩線が標準軌化された後に養老線へ転属した。
◎三重交通志摩線(現・近畿日本鉄道志摩線) 鳥羽 1963(昭和38)年11月2日

鳥羽市の南部から志摩市磯部町へ抜ける山間部にある白木駅。志摩電気鉄道が志摩線を開業した際、同時に開設された。周囲は民家もまばらな寒村地域だが山越え区間の麓であり、当初より列車の交換設備を持っていた。近鉄時代を含めて単線であった時代には、五知方へ延びる築堤に沿って桜並木があった。
◎三重交通志摩線(現・近畿日本鉄道志摩線) 白木 1963(昭和38)年11月2日

現在の志摩市磯部町上之郷地区にある上之郷駅は、所在地地域が磯部村であった時期に開設され、当初の駅名を志摩磯部としていた。志摩線が近鉄の路線となり、標準軌化工事に入ると営業を休止したが、工事が完成した1970（昭和45）年3月1日に営業を再開すると共に駅名を「上之郷」と改称した。
◎三重交通志摩線（現・近畿日本鉄道志摩線）　志摩磯部（現・上之郷）　1963（昭和38）年11月2日

波打ち際までは少し離れているものの、伊雑
の浦へ注ぐ池田川を始めとした車窓越しの
水景色に磯の香りを感じた。線路の両側に
は松の木が立ち、脳裏を過る海辺の鉄道風景
を演出する。列車は穴川駅を過ぎると、志摩
半島端部の中心街にある鵜方駅へ向かって、
再び山間部に入って行った。
◎三重交通志摩線（現・近畿日本鉄道志摩線）
穴川〜迫間（現・志摩磯部）
1963（昭和38）年11月2日

三重県の南東部で志摩観光の起点となる鳥羽駅から、真珠養殖で栄えた賢島駅へ延びる志摩線。その経路は志摩という言葉の響きから思い描く海岸路線という印象とは裏腹に山間部、谷筋を辿る区間が思いのほか多い。しかし、志摩磯部駅を過ぎると線路は静かな入り江の伊雑ノ浦近くを通り、車窓から海景色を遠望することができた。
◎三重交通志摩線（現・近畿日本鉄道志摩線）
迫間（現・志摩磯部）〜穴川
1963（昭和38）年11月2日

丸みの強い妻部が個性的なク601形。三重交通が1952（昭和27）年に導入した制御車ク600形で３両が製造された。運転台は鳥羽方にのみ設置されていた。朝鮮戦争下の好景気を追い風にした観光需要の増大を見込んで登場した車両は、15ｍ級の車体を載せた半鋼製車だった。新製時より終始狭軌路線時代の志摩線で過ごした。
◎三重交通志摩線（現・近畿日本鉄道志摩線）　賢島　1963（昭和38）年11月２日

貨車を連結したモニ554形。志摩線を建設した志摩電気鉄道が鉄道線の開業に伴い、1929（昭和４）年に導入した元10形である。６両が製造され、志摩電気鉄道が三重交通と合併した際に10 ～ 13番車がモニ550形。14、15番車がモニ560形と形式変更された。荷物室部分に楕円形の窓がある。
◎三重交通志摩線（現・近畿日本鉄道志摩線）　賢島　1963（昭和38）年11月２日

養老線

国鉄（現・JR東海）関西本線の桑名駅と隣接する近鉄名古屋線の桑名駅。国鉄駅とは跨線橋で連絡している。ホーム2面に4線あるのりばのうち、もっとも東側の4番のりばが養老線用である。さらに東側には貨車を留め置くための留置線が幾条も敷かれた国鉄駅の構内が広がる。駅舎方には四日市方面へ向かうタンク車の姿があった。
◎養老線（現・養老鉄道養老線）　桑名
1970（昭和45）年

養老線の起点桑名駅では、大垣方面とを結ぶ列車が4番のりばに発着した。後ろに控える電動車よりも若干小振りな付随車はク5414形。昭和初期に養老線を運営するために設立された養老電気鉄道時代の車両で昭和40年代まで4両が在籍した。丸みを帯びた車端部に三枚窓を備えた正面周りが特徴だった。
◎養老線（現・養老鉄道養老線）　桑名　1965（昭和40）年12月30日

大垣へ向かう列車が桑名駅を発車して来た。モ5100形は大正から昭和期にかけて三重県内に鉄道路線網を築いた伊勢電気鉄道が1927（昭和2）年に投入した元デハニ101形。伊勢電気鉄道を合併した参宮急行電鉄が関西急行鉄道に改組した1941（昭和16）年にモニ5101形と改番され、後に片運転台化改造が行われた際にモ5101形となった。
◎養老線（現・養老鉄道養老線）　桑名　1965（昭和40）年12月30日

三重県と岐阜県を直接結ぶ唯一の鉄道であった養老線。国鉄路線と合流する桑名、大垣の両駅では貨物の取り扱いが盛んで、同路線は東海道本線と関西本線を結ぶ貨物輸送の短絡線としての役割を果たしていた。近鉄にも路線内で運転する貨物列車を牽引する電気機関車が数両在籍していた。
◎養老線（現・養老鉄道養老線）　桑名　1965（昭和40）年12月30日

編成の後に続く車両よりも一回り大きく見える荷物合造車は、大垣の行先表示板を掲出していた。モニ5105形は伊勢電気鉄道が1926（大正15）年に導入した元デハニ101形のうちの1両。伊勢電気鉄道が参宮急行電鉄と合併し、関西急行鉄道が成立した後に養老線へ転属した。新会社の所属となりモニ5105形と改番した。
◎養老線（現・養老鉄道養老線）　美濃山崎　1965（昭和40）年12月30日

伊勢電気鉄道がデハニ101形を製造した翌年に、増備車として導入したデハニ111形。川崎造船所（現・川崎車両株式会社）で2両が製造された。関西急行鉄道の成立で同社誌所属の車両となった際に、モニ5111形と形式変更された。後に荷物室と片側運転台の撤去、貫通化等の改造が施工されてモ5111形と、再度形式を変更した。
◎養老線（現・養老鉄道養老線）　美濃山崎　1965（昭和40）年12月30日

桑名～大垣間で貨物輸送において国鉄路線を補助する役割を担っていた養老線では、自社所属の電気機関車が牽引する貨物列車を見る機会が少なくなかった。デ33形は1948（昭和23）年に三菱重工業が製造したデ31形３両のうちの１両。新製当初は南大阪線に配置された。1964（昭和39）年に養老線へ転属してきた。
◎養老線（現・養老鉄道養老線）　美濃山崎　1965（昭和40）年12月30日

鉄道が小荷物輸送の手段として重宝されていた昭和初期には、大小の荷物合造車が各鉄道会社に投入された。狭軌線として営業を続けた養老線には、かつて南大阪線、名古屋線等の黎明期を支えた車両が集まり、昭和40年代までは近鉄に関わりの深い電車博物館の様相を呈していた。
◎養老線（現・養老鉄道養老線）
石津～美濃山崎
1965（昭和40）年12月30日

貨物列車と交換するモ5132形。伊勢電気鉄道が1927（昭和2）年に導入した元デハニ131形である。伊勢電気鉄道本線で
使用され、伊勢電気鉄道の合併後に成立した関西急行鉄道の所属となってからは名古屋線に活躍の場を移した。名古屋
線が改軌された際に標準軌化改造を受ける車両から外れ、養老線に転出した。
◎養老線（現・養老鉄道養老線）　美濃山崎　1965（昭和40）年12月30日

構内に留め置かれた貨車の姿が目につく大垣のホームは正面2枚窓モ5012形が停車していた。本車両は揖斐川電気が昭和初期に導入した元モハニ1形のうちの1両である。養老線が近鉄の路線になって以降の1958（昭和33）年に荷物室の撤去と片側運転台化の改造を施工された際、正面の窓は3枚から2枚に変更された。
◎養老線（現・養老鉄道養老線）　大垣
1965（昭和40）年12月30日

伊勢電気鉄道が新製導入したデハニ101形は所属会社が変遷するうち、近鉄の所属車車両となった折にモニ5100形と改番した。同時期に外観の他、客室扉の自動化や制動装置の空気ブレーキ化等、本線での運用する対応する更新化改造を施された。モニ5103形は前照灯をシールドビーム2灯に改造されていた。
◎養老線（現・養老鉄道養老線）　養老
1965（昭和40）年12月30日

桑名と記された行き先表示板を掲出したク5403形。揖斐電気が昭和初期に導入した制御車ク101形のうちの1両。同車両は3両が製造された。近鉄の所属となってから車体の鋼体化が施工され、その際にウインドウシル・ヘッダー等を外された外観は平板な装いになった。同時に正面周りの窓は2枚に変更された。
◎養老線（現・養老鉄道養老線）　大垣
1965（昭和40）年12月30日

揖斐方面へ向かう列車に乗っていると、途中駅で大垣行の列車と交換した。養老線は桑名〜大垣間と、大垣〜揖斐間で
列車の運用を分けている。対向ホームに停車する車両はク5411形。昭和初期に現在の養老線を運営していた揖斐電気
から鉄道部門を譲渡されるために設立された養老電気鉄道が投入した中型車両である。
◎養老線（現・養老鉄道養老線）　広神戸　1965（昭和40）年12月30日

養老線の終点揖斐駅は揖斐川の右岸に開けた揖斐川町に置かれた小駅である。線路は大河に注ぐ粕川に行く手を阻まれるかのように堤防道路の手前で途切れている。当地を訪れたのは年の瀬も押し迫った頃で、収穫を終えた田畑が続く荒涼とした景色が視界の彼方まで広がっていた。凍てついた土は時折響いてくる電車の息遣いを聞きながら伊吹山から吹きおろしてくる寒風に耐えていた。
◎養老線（現・養老鉄道養老線）　美濃本郷〜揖斐　1965（昭和40）年12月30日

養老線は繊維産業で栄えた大垣市の市街地を抜けると北へ進路を取る。終点の揖斐駅までは並行する国道417号と共に平坦な田園地帯を走る。同路線では高性能電車が投入されるまで、揖斐電気や養老電気鉄道時代からの車両が多く見られた。しかし、そうした車両の中には更新化改造等で原型から大きく姿を変えたものもあった。
◎養老線（現・養老鉄道養老線）
揖斐～美濃本郷
1965（昭和40）年12月30日

国道が線路に近づいてくる池野辺りから終点の揖斐まで、養老線の西側には道沿いに家並が続く。その傍らを走る短編成の貫禄十分な電車は長い年月を経て、周囲の風景にすっかり溶け込んでいた。池野～揖斐間が桑名～養老間と共に開業し、養老線が全通したのは1919（大正8）年4月27日だった。
◎養老線（現・養老鉄道養老線）　揖斐～美濃本郷　1965（昭和40）年12月30日

伊賀線

社型の電気機関車が先頭に立ち、入れ替え作業に備えて構内で待機する貨物列車。伊賀線は軌間1067㎜の狭軌路線であり、伊賀上野で国鉄(現・JR西日本)関西本線と線路が繋がっており、当駅で貨車の授受が行われていた。3両編成のしんがりに控えるのは近鉄所属の緩急合造貨車のワフ9000だ。貨物営業は1973(昭和48)年10月まで行われた。
◎伊賀線　伊賀上野

三重電気鉄道
松坂線

松阪線の起点であった松阪駅。列車越しに望まれる
跨線橋は国鉄（現・JR東海）紀勢本線の松阪駅構内に
建つ。松阪から北部へ向かう線路は、大口までの区
間が1913（大正２）年に開業して大口線と呼ばれた。
しかし、同路線は第二次世界大戦後の1948（昭和23）
年に営業を休止し、それから10年余りを経た1958（昭
和33）年に廃止された。
◎三重電気鉄道松阪線　松阪
1964（昭和39）年12月13日

起点松阪駅ののりばホーム。小型車両１両分くらいの短い上屋が建っていた。上屋を支える柱には臨時列車を示す列
車種別票が数枚立て掛けられ、その傍らに小荷物等の運搬に使われる荷車が置かれている。荷車には「三重交通 松阪
駅 小荷物 運搬車」と記載され、三重交通時代から使い続けれている備品であることが分かる。また上屋の外側には
砂利が敷かれており、金属製の駅名票が立つ。◎三重電気鉄道松阪線　松阪　1964（昭和39）年12月13日

謹告。廃止を告げる立て看板が12月4日付で松阪駅舎の出入口に立っていた。廃止後は鉄道と同様の経路で定期バスを運行する旨が記載されている。バスの運行はかつて松阪線を運営いていた三重交通が担った。看板の左端には三重電気鉄道と三重交通の両社が告知元として並記されていた。
◎三重電気鉄道松阪線 松阪
1964（昭和39）年12月13日

廃止前日の松阪駅舎。出入口付近を除いて駅前は木材の壁で仕切られ、近々施設の取り壊しが行われることを予感させた。出入口は大人が一人通ることができるくらいの広さで駅前の舗装は剥がされているようだ。建物の上に掛かる駅名を記した看板は半分ほどが建材で隠れされており、大正時代より営業を続けてきた駅は、いよいよ店じまいの様相を呈していた。
◎三重電気鉄道松阪線 松阪 1964（昭和39）年12月13日

国鉄（現・JR東海）松阪駅の構内外れには、松阪線ののりばを示す紙が貼られていた。紙面に記されている大石駅は本路線の終点。射和駅は現在の松阪市射和町にあった。国鉄紀勢本線の相可駅とは、櫛田川を隔てて1kmほど離れていた。会社名は撮影年の2月に三重交通から経営を引き継いだ三重電（三重電気鉄道）が記載されていた。
◎三重電気鉄道松阪線 松阪 1964（昭和39）年12月13日

松阪構内に佇むサ461形。明治期から昭和10年代まで現在の津、久居市近郊で軽便鉄道を営業していた中勢鉄道が導入した元カ3形である。同車両はガソリン動車として1930（昭和5）年にカ4形と共に製造された。中勢鉄道の廃止後に三重交通の三重線（湯の山、内部、八王子線）へ移り、無動力化された後に松阪線へ転属して来た。
◎三重電気鉄道松阪線　松阪
1964（昭和39）年12月13日

サニ422は北勢鉄道で客車として運用された元ハ1形。松阪線に転属して電車と手を組むようになった。同路線に在籍した同系の車両と異なり床下のトラスは省かれている。荷物室を含め、全扉の出入口に付けられたステップは各社共通の仕様だ。二重屋根は側面に明かり取り窓等がない簡潔な仕様だった。
◎三重電気鉄道松阪線　松阪
1964（昭和39）年12月13日

サニ411形。同系車両の元になった北勢鉄道のハフ1形とは少し異なる外観だが、形式は同じサニ420形に入れられていた。床下枠の外側に渡されたトラスや二重屋根の上に取り付けられた小型の電動機を横に置いたような形状の通風口が目を引く。車体には1963（昭和38）年2月に全般検査を受け、1966（昭和41）年2月が検査期限となる旨の表記があった。
◎三重電気鉄道松阪線　松阪
1964（昭和39）年12月13日

集電装置を下して留置線に留め置かれたデ61。製造以来、生涯を松阪線で過ごした車両だ。縦横斜めにたくさんのリベットが打たれた車体。台枠を補強するにはか細くさえ見えるトラス棒。そして滑車を介した手動式の集電子上昇装置等、小さな凸形機関車にはいにしえのモノづくりに対する工夫がちりばめられていた。
◎三重電気鉄道松阪線　松阪　1964（昭和39）年12月13日

拠点駅の松阪構内で、集電装置を上げて仕業に備えるモニ20形。松阪～大石間が電化された1927（昭和2）年に投入された元デ31形である。11m級の半鋼製車体を載せた荷物合造車で3両が製造された。大型のボギー台車や集電装置に用いられたパンタグラフは、製造当時の軽便用車両としては最新の仕様だった。松阪線と生涯を共にした生え抜きの車両である。◎三重電気鉄道松阪線　松阪　1964（昭和39）年12月13日

松阪駅ののりばホームは１面１線。線路の西側に側線が1本ある。ホームへ続く線路と側線の間に分岐があり、ホームの反対側は本線に続いている。運用に則り側線で待機していた車両と到着した車両を手狭な構内で入れ替えるには、次の発車時刻までに手際よく行う必要があった。駅付近の踏切では警報機が鳴り響き、構内では２組みの電車が右へ左へそろそろと動いた。◎三重電気鉄道松阪線　松阪　1964（昭和39）年12月13日

留置線に並んだ電化後の松阪線を彩った車両達。全線廃止を明日に控え、一足早く務めを終えた車両が留め置かれていた。電動車の集電装置は下され、両側線路には車両の動きを封印するかのように片側ずつ車止めがはめ込まれていた。中央のデ61は行先票を掲出し、客車の牽引に活躍した頃の雄姿を彷彿とさせていた。
◎三重電気鉄道松阪線　松阪
1964（昭和39）年12月13日

国道沿いに建つ茶屋町駅に停車するモ250形。1927（昭和2）年製の付随車フ21形を、三重交通発足後にサ441形と改番した後、1949（昭和24）年に電装改造を施工して電動車にした車両だ。松阪線の廃止後は再び電装を解除し、付随車サ121形として特殊狭軌路線時代の三重線に転属した。
◎三重電気鉄道松阪線　茶与町　1964（昭和39）年12月13日

松阪市街地から櫛田川の左岸近くへ向かう途中の丘陵地に設置されていた蛸路駅。島式ホーム1面を持ち、列車の交換施設を備えていた。ホームの中程には、百年も同じ場所に建ち続けた末に精霊となったような雰囲気を醸し出す、か細い待合室があった。屋根付近には幾条もの電線が張られ、建物が電柱の役割を果たしているかのようだった。
◎三重電気鉄道松阪線　蛸路　1964（昭和39）年12月13日

松阪線西側の終点、大石と記された行先票を掲出してやってきたのは小振りな二重屋根を備えるサニ424。北勢鉄道で大正初期に導入された元ハフ1形で6両が製造された。8m級の木造車体を載せた荷物合造車の定員は40名。1951（昭和26）年から三重交通に移り形式はサニ421形となった。
◎三重電気鉄道松阪線　蛸路　1964（昭和39）年12月13日

穏やかな日差しが差し込む中、大勢の人が乗り込んだ車内は暑いくらいの熱気に包まれていたのだろう。先頭車の窓は開け放たれて素通しになっていた。中央の窓から顔を出す女子学生。その隣の窓越しには、男性と思しき人物の肩が見える。大正時代に生まれた客車の小さな寸法を窺うことができる瞬間の風景だった。
◎三重電気鉄道松阪線　蛸路　1964（昭和39）年12月13日

12月も中旬になろうとしていたが、枯野となった水田の中には稲わらが重ねて干されていた。蒙古の遊牧民が使う、移動式の居宅に似た形が地域性を感じさせる。出来上がった干し草は当地域の特産品である松阪牛の飼料となるのか。それとも牛舎の敷物に使われるのか。取り留めのないことを思描いているうちに、日当たりの良い築堤へ2両編成の小型車が現れた。◎三重電気鉄道松阪線　蛸路～下蛸路　1964（昭和39）年12月13日

上本町、大阪阿部野橋、河内松原付近（1966年）

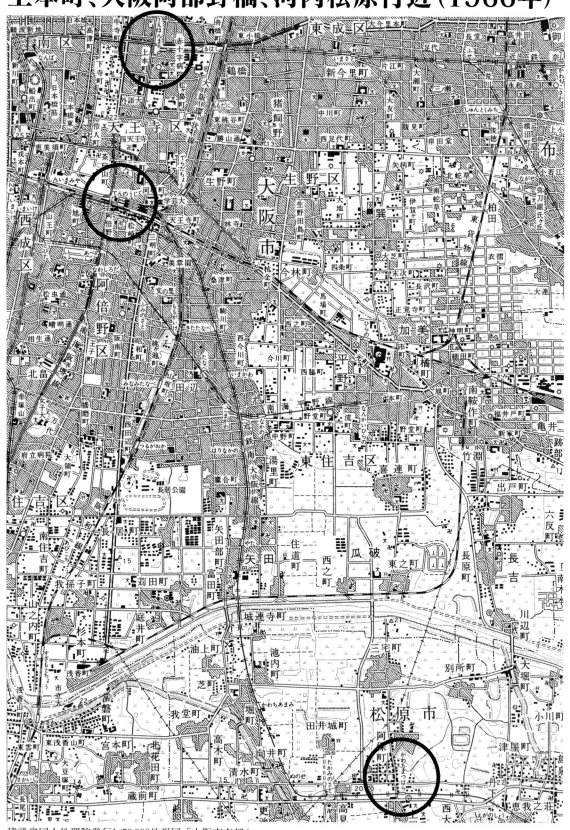

建設省国土地理院発行1/50,000地形図「大阪東南部」

藤井寺、古市付近（1966年）

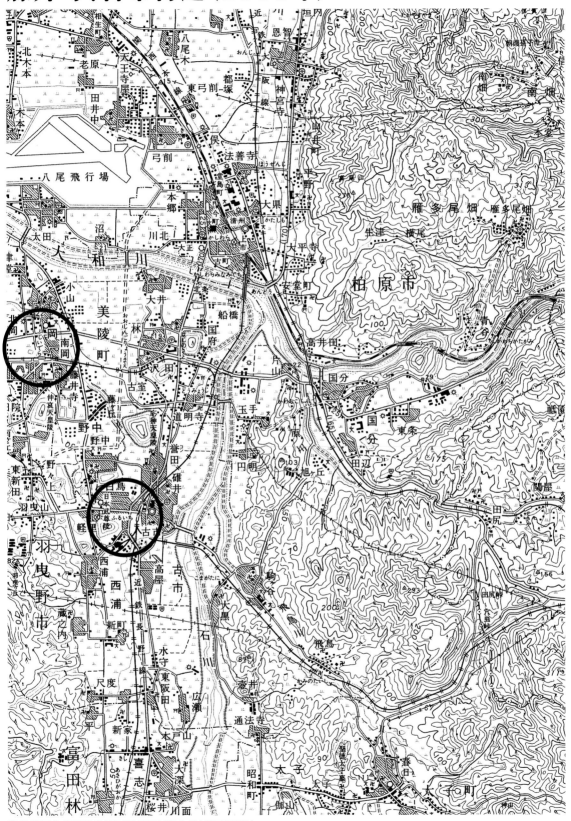

建設省国土地理院発行1/50,000地形図「大阪東南部」

大和西大寺、近畿日本奈良付近（1966年）

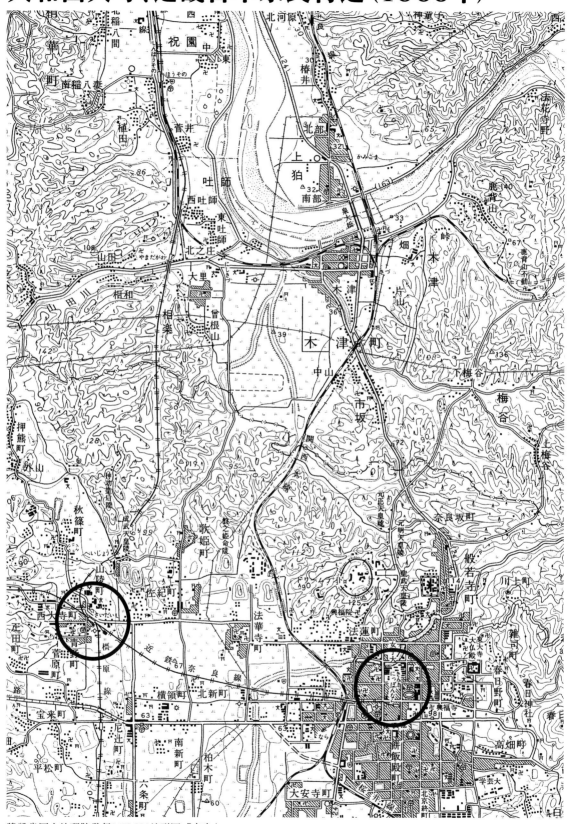

建設省国土地理院発行1/50,000地形図「奈良」

橿原神宮駅、壺阪山付近（1968年）

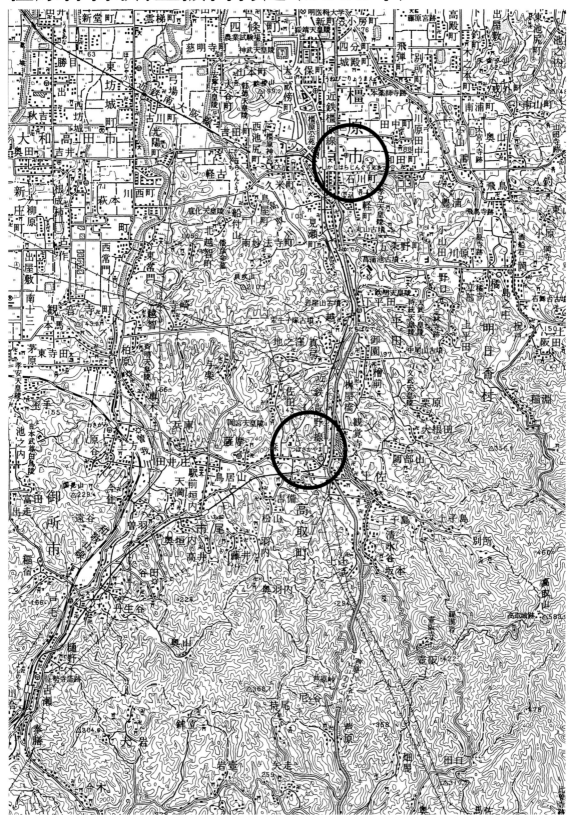

建設省国土地理院発行1/50,000地形図「吉野山」

天理、田原本、桜井付近（1966年）

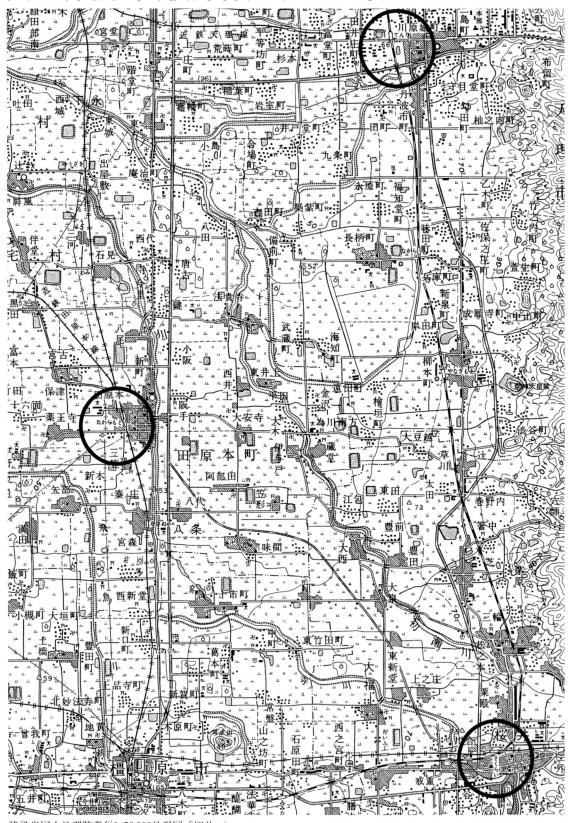

建設省国土地理院発行1/50,000地形図「桜井＋」

京都、丹波橋付近（1966年）

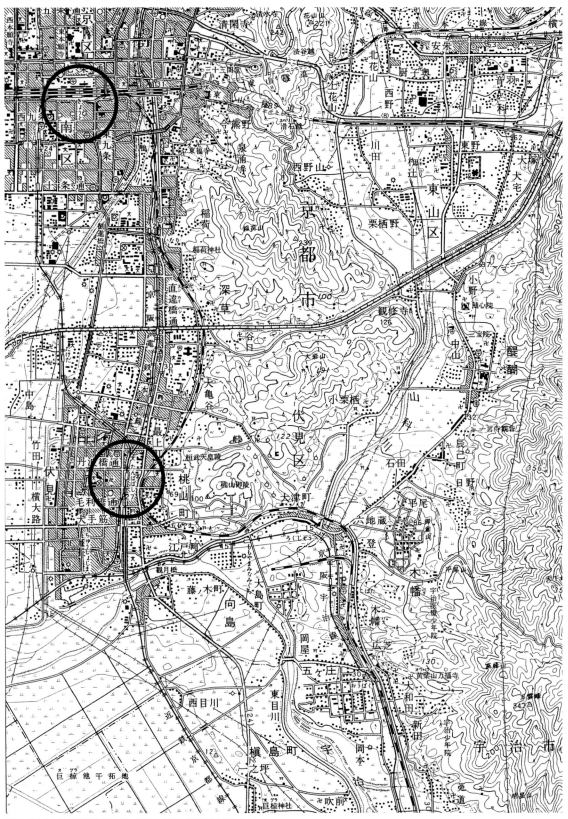

建設省国土地理院発行1/50,000地形図「京都東南部」

伊勢中川付近（1965年）

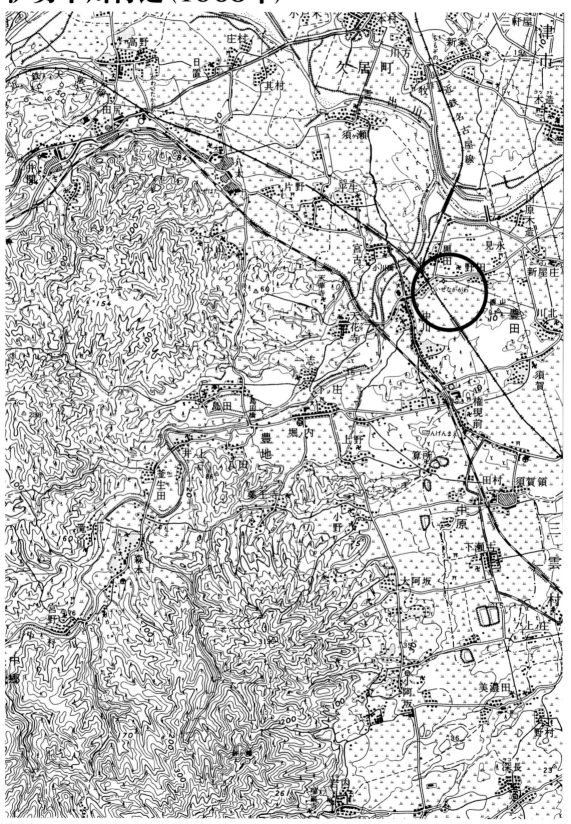

建設省国土地理院発行1/50,000地形図「二本木」

松阪付近（1965年）

建設省国土地理院発行1/50,000地形図「松阪」

津、津新町付近（1965年）

建設省国土地理院発行1/50,000地形図「津西部」「津東部」

近畿日本四日市付近（1966年）

建設省国土地理院発行1/50,000地形図「四日市」

桑名付近（1966年）

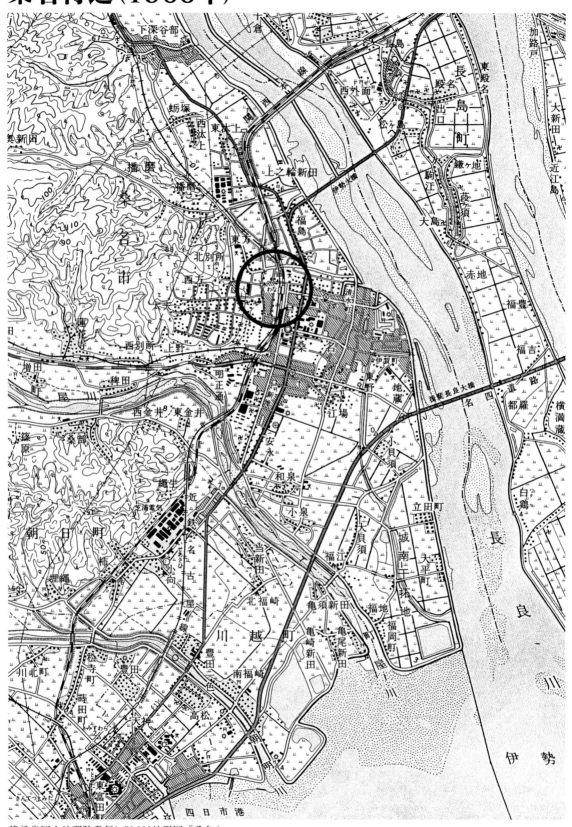

建設省国土地理院発行1/50,000地形図「桑名」

近畿日本名古屋、伏屋付近（1966年）

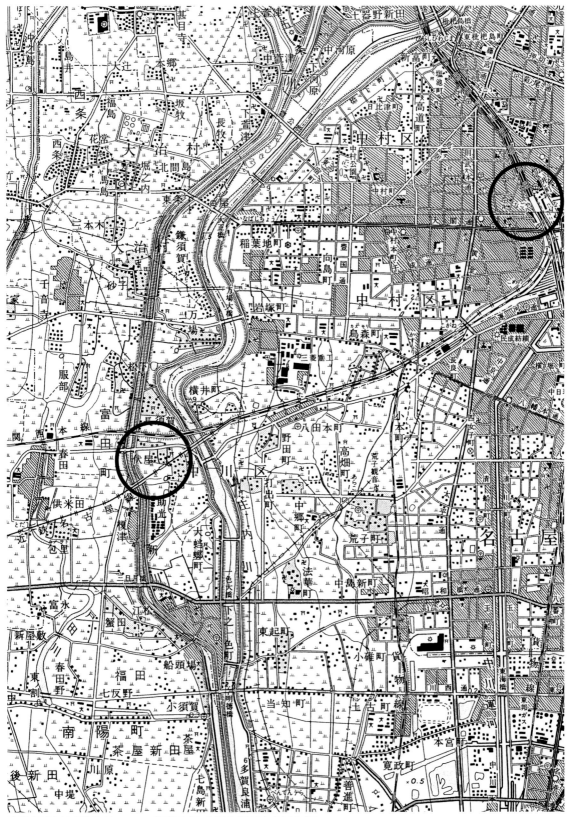

建設省国土地理院発行1/50,000地形図「名古屋北部」「名古屋南部」

【著者プロフィール】

西原 博（にしはらひろし）

1939（昭和14）年、神奈川県横須賀生まれ。
1962（昭和37）年3月、法政大学工学部機械工学科卒業。同年東急車輛製造株式会社
入社、主に特装自動車部門を歩み、1999（平成11）年に定年退職。
高校生の頃から鉄道写真を撮影し、鉄道趣味誌等に投稿。撮影対象は北海道から九州
各県の国鉄・私鉄・路面電車等に及ぶ。

牧野和人（まきのかずと）

1962（昭和37）年、三重県生まれ。
写真家。京都工芸繊維大学卒業。幼少期より鉄道の撮影に親しむ。2001（平成13）年
より生業として写真撮影、執筆業に取り組み、撮影会講師等を務める。全国各地へ出
向いて撮影し、時刻表・旅行誌・趣味誌等に作品を多数発表。著書多数。

【写真提供】

荻原二郎、藤山侃司、山田虎雄

近畿日本鉄道
1960年代の写真記録

発行日 ……………… 2023年1月3日 第1刷 ※定価はカバーに表示してあります。

著者 ………………… 西原 博（写真）、牧野和人（解説）
発行人 ……………… 高山和彦
発行所 ……………… 株式会社フォト・パブリッシング
　　　　　　　　　　 〒161-0032 東京都新宿区中落合2-12-26
　　　　　　　　　　 TEL.03-6914-0121 FAX.03-5955-8101
発売元 ……………… 株式会社メディアパル（共同出版者・流通責任者）
　　　　　　　　　　 〒162-8710 東京都新宿区東五軒町6-24
　　　　　　　　　　 TEL.03-5261-1171 FAX.03-3235-4645
デザイン・DTP ……… 柏倉栄治
印刷所 ……………… サンケイ総合印刷株式会社

ISBN978-4-8021-3375-3 C0026

本書の内容についてのお問い合わせは、上記の発行元（フォト・パブリッシング）編集部宛ての
Eメール（henshuubu@photo-pub.co.jp）または郵送・ファックスによる書面にてお願いいたします。